たるみが消える顔筋リフト

宝田流表情筋トレーニング

宝田恭子
KYOKO TAKARADA

講談社

INTRODUCTION
はじめに

「10年後も変わらずきれい」をコンセプトに『DVD付　5分若返り宝田流美顔マッサージ』という本を10年前に出しました。

それから工夫や改良を加えながらも、休むことなくトレーニングを続けてきました。そして10年後の今、最新のメソッドとして「宝田流表情筋トレーニング」を皆様にお伝えしたいと思います。

なぜ歯科医の私が美容関係のことを……？と疑問に思われる方もいらっしゃると思います。そもそもは、目の前で顔面麻痺《まひ》を起こし、硬く動かなくなった義母の顔面の筋肉を元に戻すリハビリを始めるために、筋肉や骨、血管、神経について深く勉強したことが始まりです。

その知識を基に私が考案した表情筋トレーニングを義母に行ってもらったところ、8ヶ月間くらいでほぼ回復しました。しかし、毎日のトレーニングをしないと顔面の筋肉の動きはスムーズではなくなります。すると義母は慌てて表情筋トレーニングを行い、少し良くなるとお休みする……この繰り返しでしたが、やがて義母のフェイスラインは誰が見てもシャープになりました。

そして、この表情筋トレーニングに出会うことができたきっかけがもう一つあります。ある小学校で健康学習として、1ヶ月間限定で「口呼吸を鼻呼吸に改善する」ための機能訓練を指導しました。結果、口呼吸から鼻呼吸に改善でき、さらに風邪による欠席者の減少が顕著にみられました。

INTRODUCTION
はじめに

INTRODUCTION
はじめに

トレーニング後の子どもたちの感想文の中に、友人や親せきから「なんか、顔が引き締まった」「笑顔が良くなった」と指摘された……という声があったのです。

たるみなんて全く無縁と思っていた子どもの顔さえ、フェイスラインがすっきりするとは、想定外の結果でした。

ＰＡＲＴ４で詳しく説明しますが、老化のサインはまず口元から始まります。昨今は昔と比べて柔らかい食べ物が多く、固いものをしっかりかんで食べることが少なくなっています。そのため、子どもであっても口まわりの発達が弱く、トレーニングによってフェイスラインが引き締まったのではと考えられます。

歯科医としてのこのような経験と結果から、宝田流表情筋トレーニングは生まれました。

昨今はプチ整形ブーム、気軽に施術を受ける人たちが増えているようですが、それにはまずお金がかかります。また、希望通りの結果が得られなかったり、前の方がまだ良かった……などと後悔したり、維持をするためにずっと高額なお金を払い続けなければならなかったりと、新たな悩みが増えてしまう人もいらっしゃるようです。

ただ、きれいな自分を維持しようとする姿勢は大いに賛成ですし、その努力を尊敬します。

今回の宝田流表情筋トレーニングでは誰かに頼るのではなく「まず、自分の顔は自分で何とかしてみる」ことを提案したいと思います。

INTRODUCTION
はじめに

私は「エステなどに相当お金を費やすことができるんでしょう?」などと聞かれるのですが、毎日目のまわるような忙しい日々を何十年も送ってきて、エステで施術してもらう時間を取るのも難しく、全て自宅で自分の手で行っています。

朝起きて、自分の顔を見てがっかりしてため息をつくような毎日を送っている人がいたら、まずはお金もかからず自分の手でできるこの宝田流表情筋トレーニングをしていただきたいと思います。

そしてこの宝田流表情筋トレーニングの成果として、鏡の中の自分にときめいてくだされば、こんなに嬉《うれ》しいことはありません。

さらに、宝田流表情筋トレーニングは顔だけではなく、全身の見た目の若さにも着目しています。なぜなら、どんなに顔が若返っても姿勢が悪かったり、肌にツヤがなかったりしたら、それなりの年齢にしか見えないからです。

また、全身が若々しく見えることは、健康である証拠でもあります。はつらつとしているには、健康が最重要です。健康こそ見た目の美しさにつながるのです。

宝田流表情筋トレーニングはトータルな見た目の若さを提案したいと思っています。

この本を手に取ってくださったあなた!

あなたの毎日が少しでも輝き、楽しくなりますように。

CONTENTS

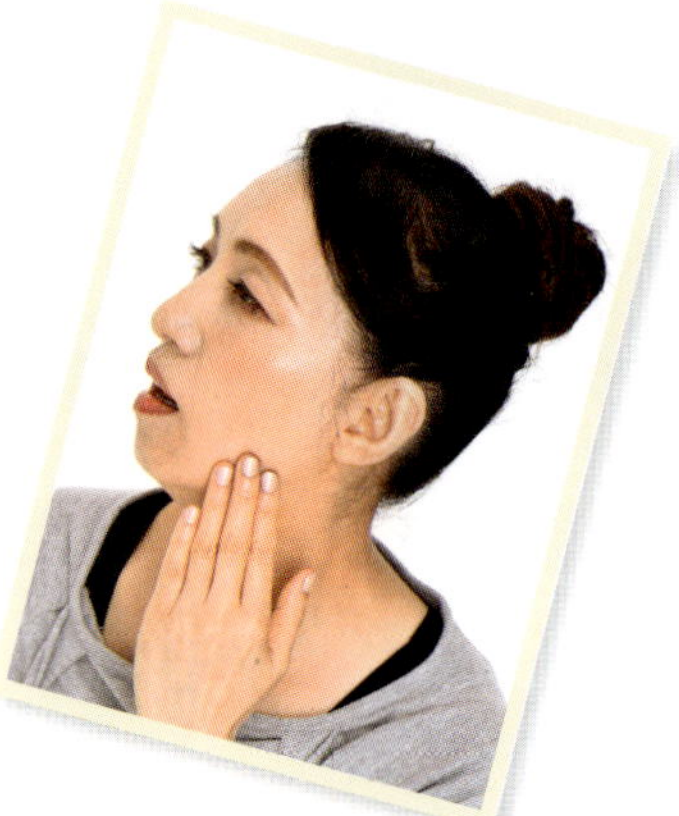

PART 3
たった5分のトレーニングで驚きの効果!

CONTENTS

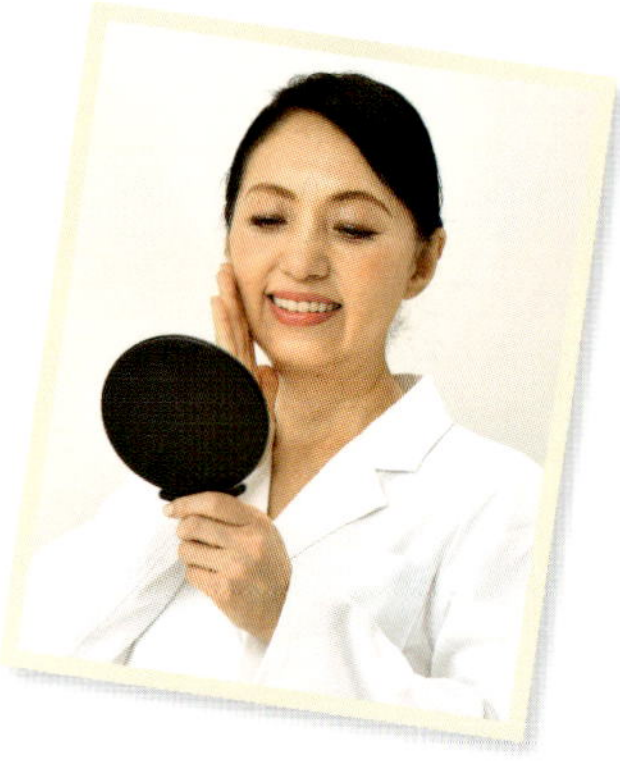

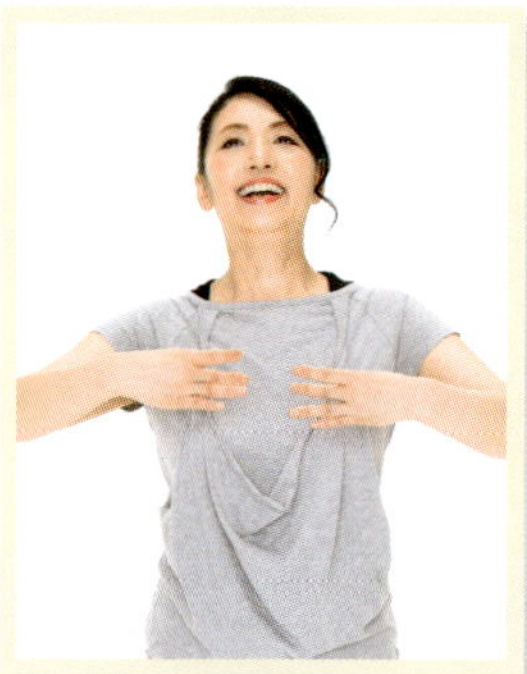

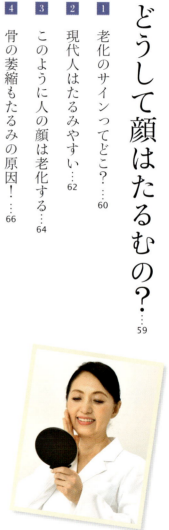

PART 6

毎日を頑張っている皆さんへ

始める前に必ずお読みください

＊効果は個人によって差があります。
＊本文中の効果は個人の感想です。
＊トレーニング中体調が悪くなった場合はすみやかに中止してください。
＊肌が弱い方、トラブルが出やすい方は注意して行ってください。
状態が悪くなるようであればすみやかに中止してください。
＊本誌掲載のトレーニング実行については、自己責任の上でお願い致します。

一緒にきれいを
続けましょう!!

PART 1

たるみが消える顔筋リフト
宝田流表情筋トレーニングのやり方

ゴシゴシ
ゴシゴシ
何してるの?
あっ センセー
すごい顔…
最近ほうれい線やマリオネットラインが気になって
ゴシゴシ
マッサージがいいっていうから…
マッサージ中でーす♥
ゴシゴシ
ちょっと ちょっと
そんなとここすったって、顔は上がらないわよー
え〜?
でもエステとかでやってくれたから、まねしているんですけど…
ゴシゴシ
エステの人たちはね、むやみやたらにマッサージしているのではないのよ
ちゃんと表情筋の構造を知った上でやっているのよ
NO
NO
表情筋? なにそれ〜

例えば主な表情筋ってこんな風になっているの
はいドンッ!!
キャー
え…こんな複雑なの知らないとだめなんですか……
この図を見てちょうだい表情筋は片方が「骨」についていてもう片方が「皮膚」にくっついているの
皮膚
脂肪
骨
筋肉
ジーー…
ハア…

顔の筋肉が収縮するときはその骨の方に皮膚が引っ張られるの
ググぐぐっ
骨についている筋肉や皮膚が収縮……
?
ハァ…
それが「シワ」よ！
ヒイイ
笑顔になったときシワが寄るわよね
にこっ
そして真顔になったときに戻る
ズッ…
だ～か～らっ
つまり骨側についている筋肉が伸びたり縮んだりしているわけ
反応悪いわね
ハァ…
もう一度この図を見てみて骨についている筋肉はどこ？
ドーン

このあたりとか？

こわい…

例えばここの筋肉はどこにつながっている？

そうそう!!

そろ〜り
あ、唇の上あたりですね
このへん〜

そうよ この唇につながっている筋肉がゆるんだりシワになったまま戻らないとどうなる??

…てことは
あっ!?

たるんだままだったりシワシワのままだったりするんですね

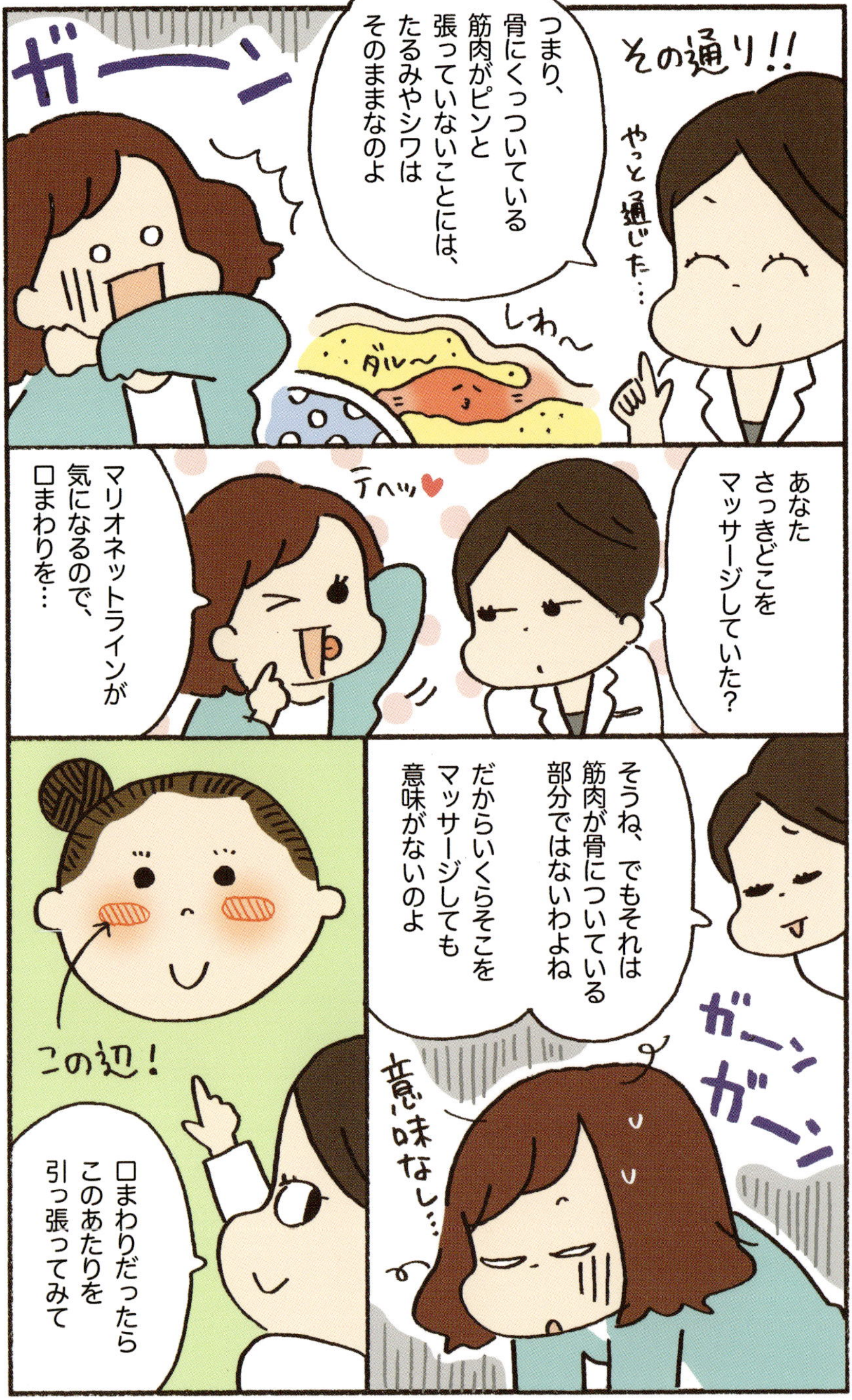

その通り!!
やっと通じた…
つまり、骨にくっついている筋肉がピンと張っていないことには、たるみやシワはそのままなのよ
ガーン
しわ〜
ダル〜
あなたさっきどこをマッサージしていた?
テヘッ
マリオネットラインが気になるので、口まわりを…
そうね、でもそれは筋肉が骨についている部分ではないわよね
だからいくらそこをマッサージしても意味がないのよ
ガーンガーン
意味なし…
この辺!
口まわりだったらこのあたりを引っ張ってみて

あ！たるみが一気になくなりました！
グイ
パァァ
グイ
わかったかな？
つまり、その筋肉はここの骨にくっついているということなの
表情筋の図を見せるとみんな一瞬たじろぐけど…
どの筋肉がどの骨についているかわからないで表情筋トレーニングをしても全く意味がないのよ
なるほど！
宝田流表情筋トレーニングが効果が出やすいというのはこの骨についている筋肉を意識してトレーニングするからなんですね
フム
わあ～
そうなの！「正しいトレーニング位置を理解し、そこに触れ」れば短時間でも効果が出るのよ
フフ…
皆さんも効率よくやってみてね！

【宝田流表情筋トレーニングを始める前に】

前ページまでのマンガでも紹介したように短時間で結果を出すために、このトレーニングは表情筋のどこに触るべきか理解して行うことが大切です。そのために、トレーニングのページには表情筋の解剖図を掲載しています。

医学などに関わっていない人はこの解剖図を見てとまどうかもしれませんが、筋肉の位置を理解することは非常に重要です。

なぜなら人の顔かたちはそれぞれなので、この解剖図に照らし合わせることで、自分の場合は「この筋肉はここについている……」と見当をつけることができるからです。

骨にくっついている筋肉（表情筋）に見当をつけてそこに触れたら、そこから指の腹を離さずに、きちんと動かすことがポイントです。

そのとき気をつけていただきたいのが、必ず保湿用のクリームなど、摩擦を避けるための化粧品を使用してください。とろみのある化粧水や美容液などでも構いません。

また、いきなりトレーニングを始めるのではなく、全身の血流を促し、姿勢を改善するウォーミングアップ（P22）も必ず行ってください。ウォーミングアップは1分もあればできます。

以下に宝田流表情筋トレーニングを行う際の
留意点をまとめておきます。

1 ウォーミングアップを行う (P22)

2 正しい姿勢で行う

3 摩擦を避けるためのクリームや化粧水、
美容液などを使用する

4 骨にくっついている筋肉（表情筋）をとらえて
指の腹で触れ、そこからその指の腹を
離すことなく筋肉を動かす

5 強さは「痛気持ちいい」程度で行う

6 毎日朝晩行う

1 ウォーミングアップ

全身の血流を上げ、姿勢を整えます。

1

足の裏が
ぴったり床に
つくように

椅子に座る。

2

背骨と腰をしっかり
伸ばす
10秒キープ

ひざを抱えて前かがみになる。

3

2の姿勢のまま足首を後ろ側からつかみよくもむ。

4

とくに
ふくらはぎは
しっかりもむ

2の姿勢のまま足首からひざの裏へ、下から上へともんでいく。

1〜3セット

＊冬などの気温が低いときは身体が温かいと感じるまで
3セットほどが好ましい。

5

ひざの裏までしっかりもんだら、両手をひざにのせる。

6

手で太ももを押し、首、胸、腰と順番に意識しながら上半身を起こす。

7

目線はビルの
3階くらいを
見ている感じ
肩甲骨がぐっと
寄っている
お腹が引けている

体を完全に起こす。

2 宝田流 表情筋トレーニング

解剖図で表情筋を意識し、骨にくっついている筋肉（表情筋）に指の腹があたるのを確認しながら動かします。1〜7の動作を左右3セットずつ行います。

1

唇左下に手を置き、指の腹で骨面を感じるように矢印方向に動かす。このとき指が浮いたり離れたりしないよう、骨を感じながら動かす。1動作1・2・3のリズムで3回。

＊左顔から行っています（どちらからでも可）。

表情筋トレーニングを動画で確認できます。スマートフォンやパソコンなどからアクセスして下さい（アップロード期間：2018年11月より2年間）。
https://youtu.be/hI4Rr0Q6LPk

動かしている主な筋肉

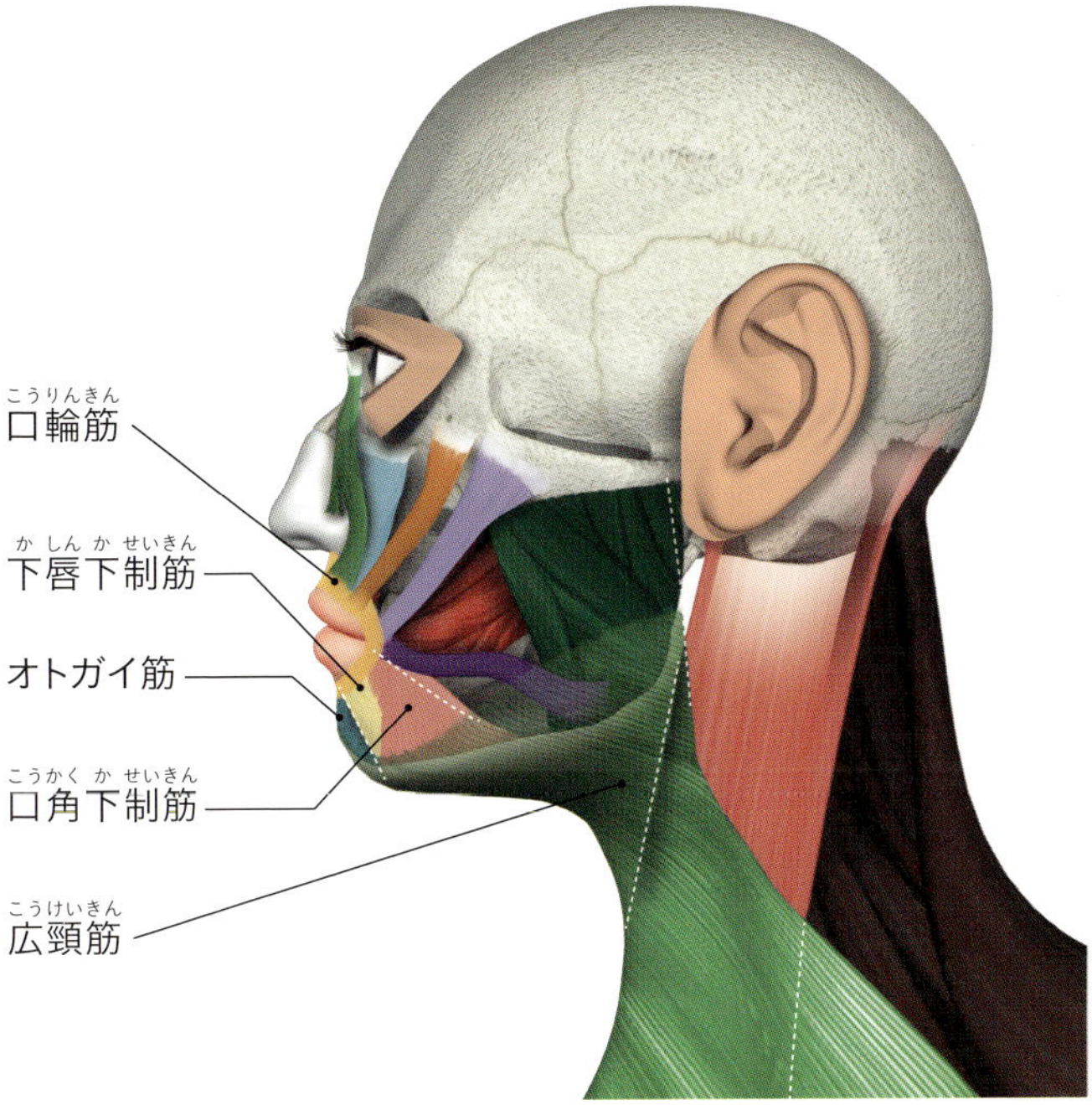
口輪筋《こうりんきん》
下唇下制筋《かしんかせいきん》
オトガイ筋
口角下制筋《こうかくかせいきん》
広頸筋《こうけいきん》

＊実際の広頸筋は頬中央～後方まで覆っている場合もあります。
範囲は個人差があります。

2

少し口を開けて頬の中央あたりに指先をあて、矢印の方向へ頬骨に指をあてるように動かす。1動作1・2・3のリズムで3回。

動かしたい頬筋は広頸筋の下にあるので、それに触るような意識でやや強めに指をあてて動かす

チェック

広頸筋がきちんと動いているかは、首のあたりが動くかどうかでわかる。

動かしている主な筋肉

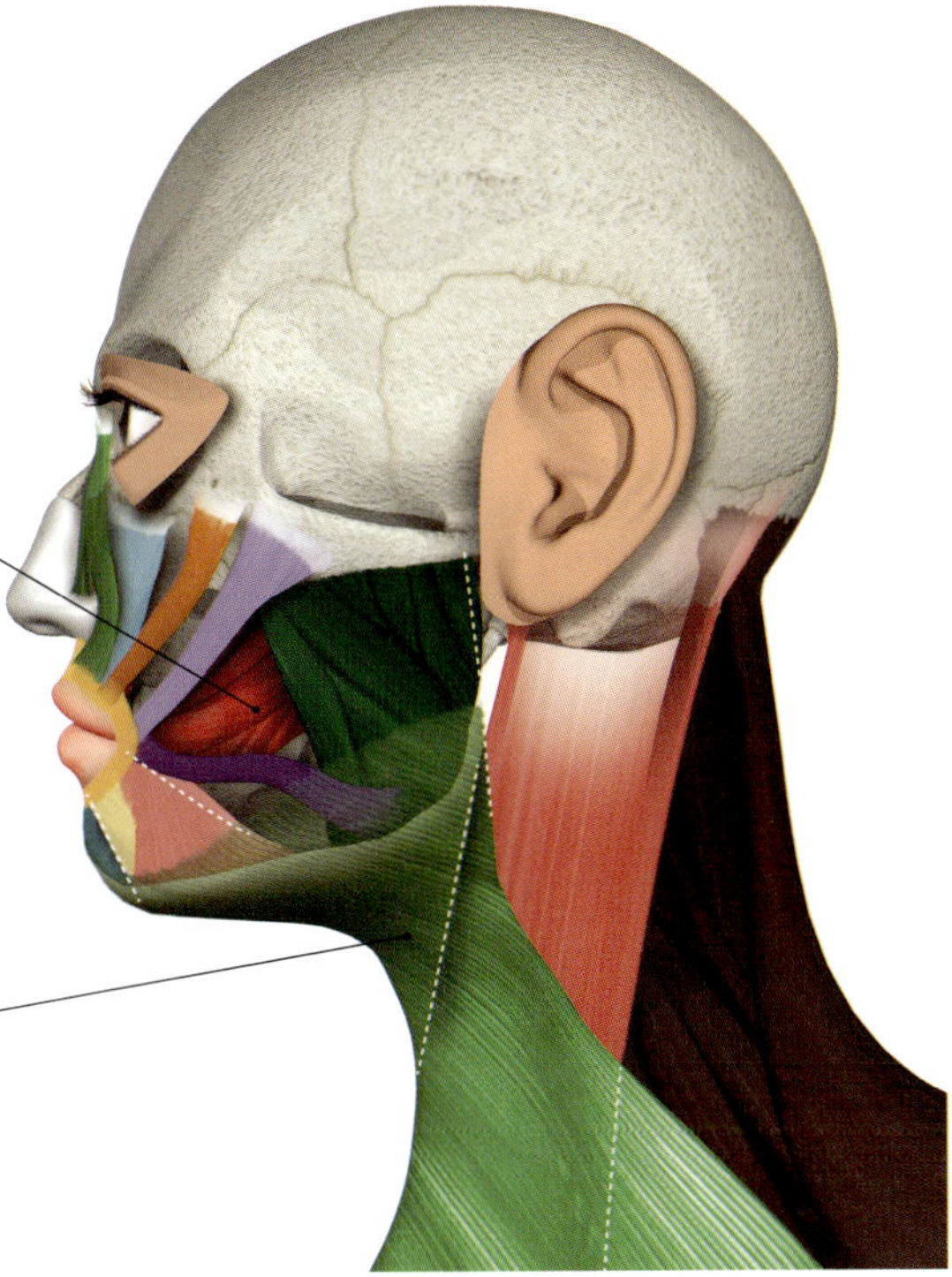

＊実際の広頸筋は頬中央～後方まで覆っている場合もあります。
範囲は個人差があります。

3

口は開けたまま、少し右を向き、下顎の歯が生えている骨のふちを指でしっかりととらえ、そこから骨に沿って斜めに矢印の方向へ動かす。1動作1・2・3のリズムで3回。

動かしたい笑筋は内側にあるので、それに触るような意識でやや強めに指をあてて動かす

動かしている主な筋肉

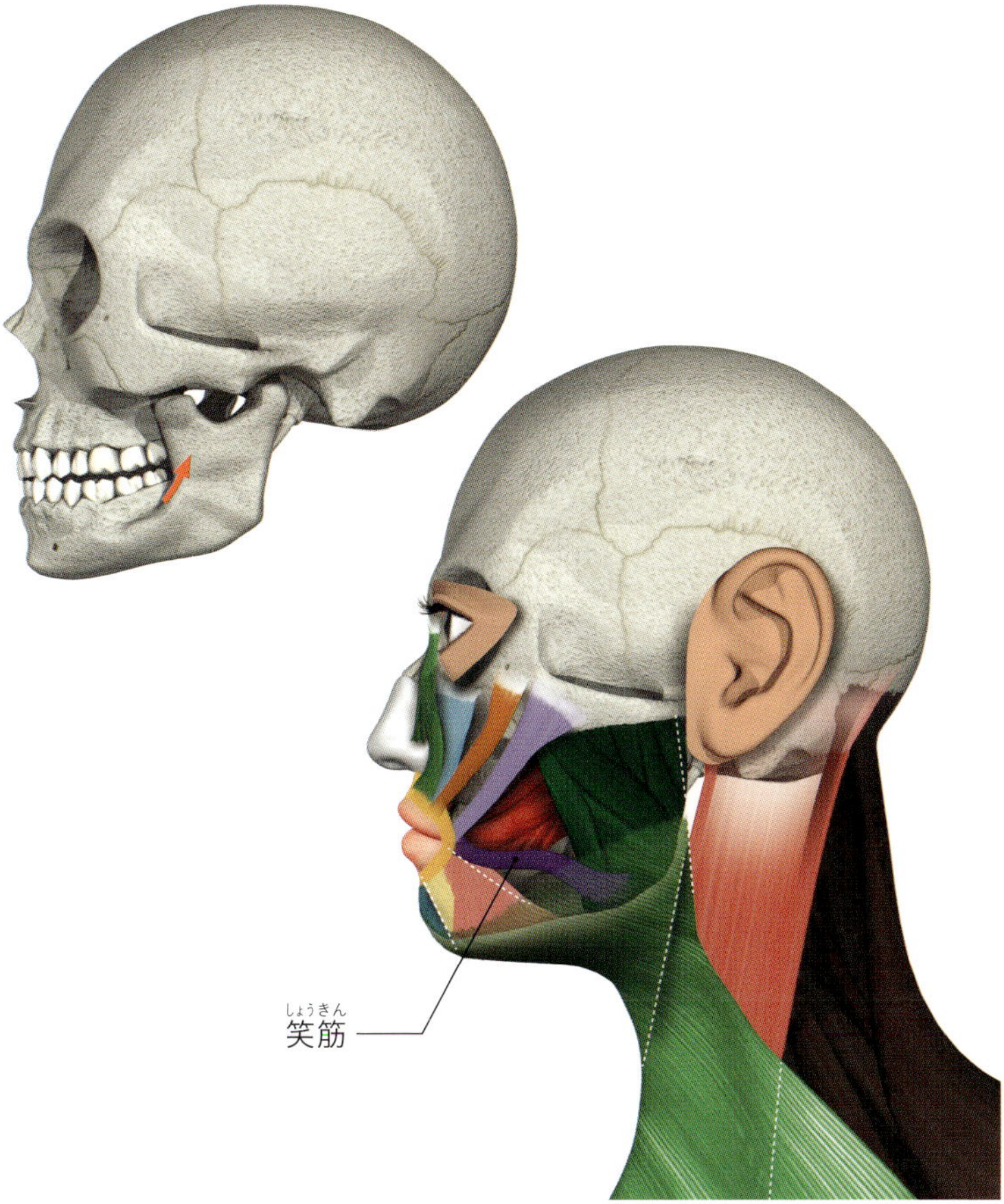

＊実際の広頸筋は頬中央〜後方まで覆っている場合もあります。
範囲は個人差があります。

4

❶口は開けたまま、右を向いたままでエラ付近の骨に指を置いて後方に1・2・3のリズムで動かす。
❷その1cmほど上を同様に後方へ1・2・3のリズムで動かす。
❸最後に頬骨の下あたりを同様に後方へ1・2・3のリズムで動かす。

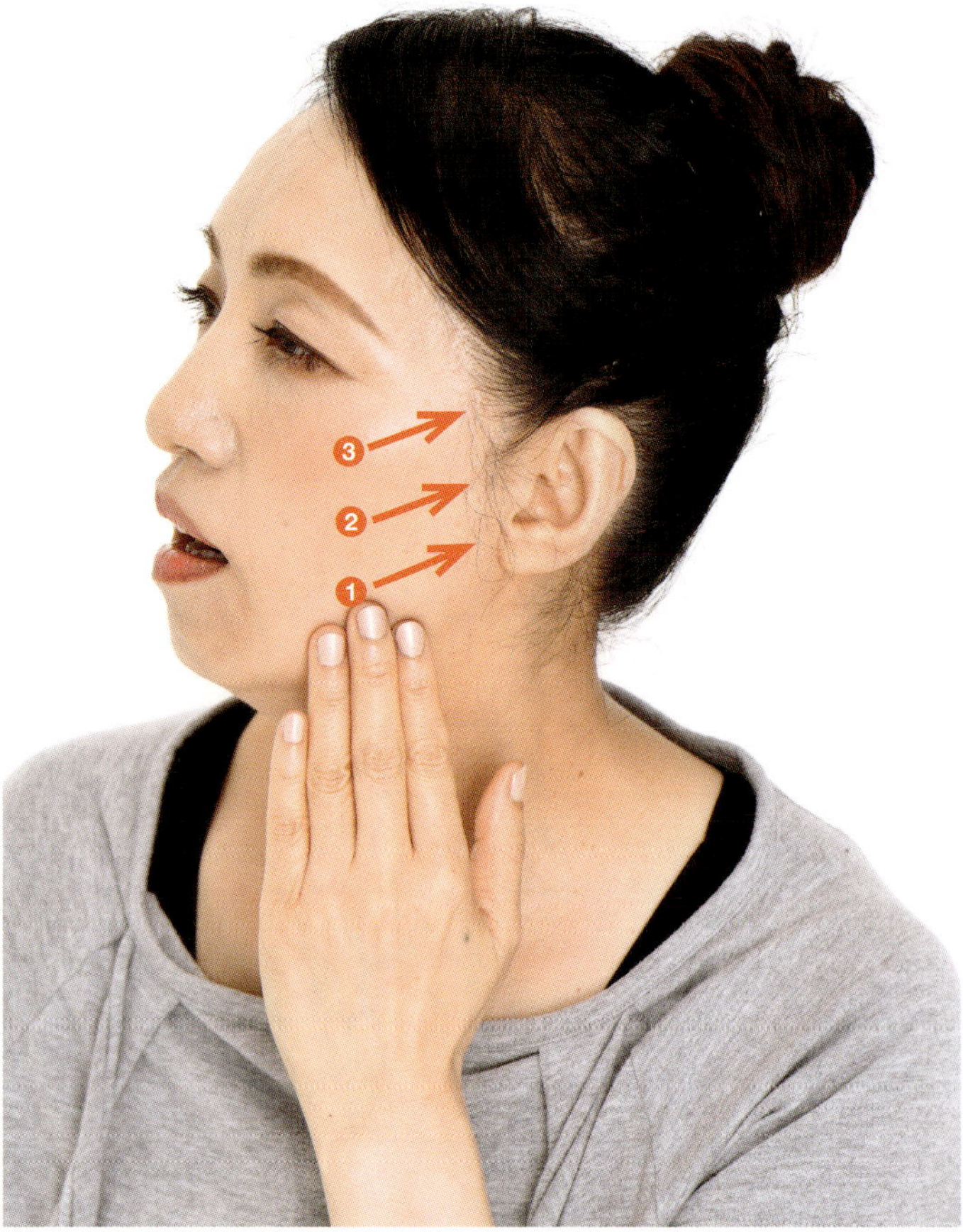

動かしている主な筋肉

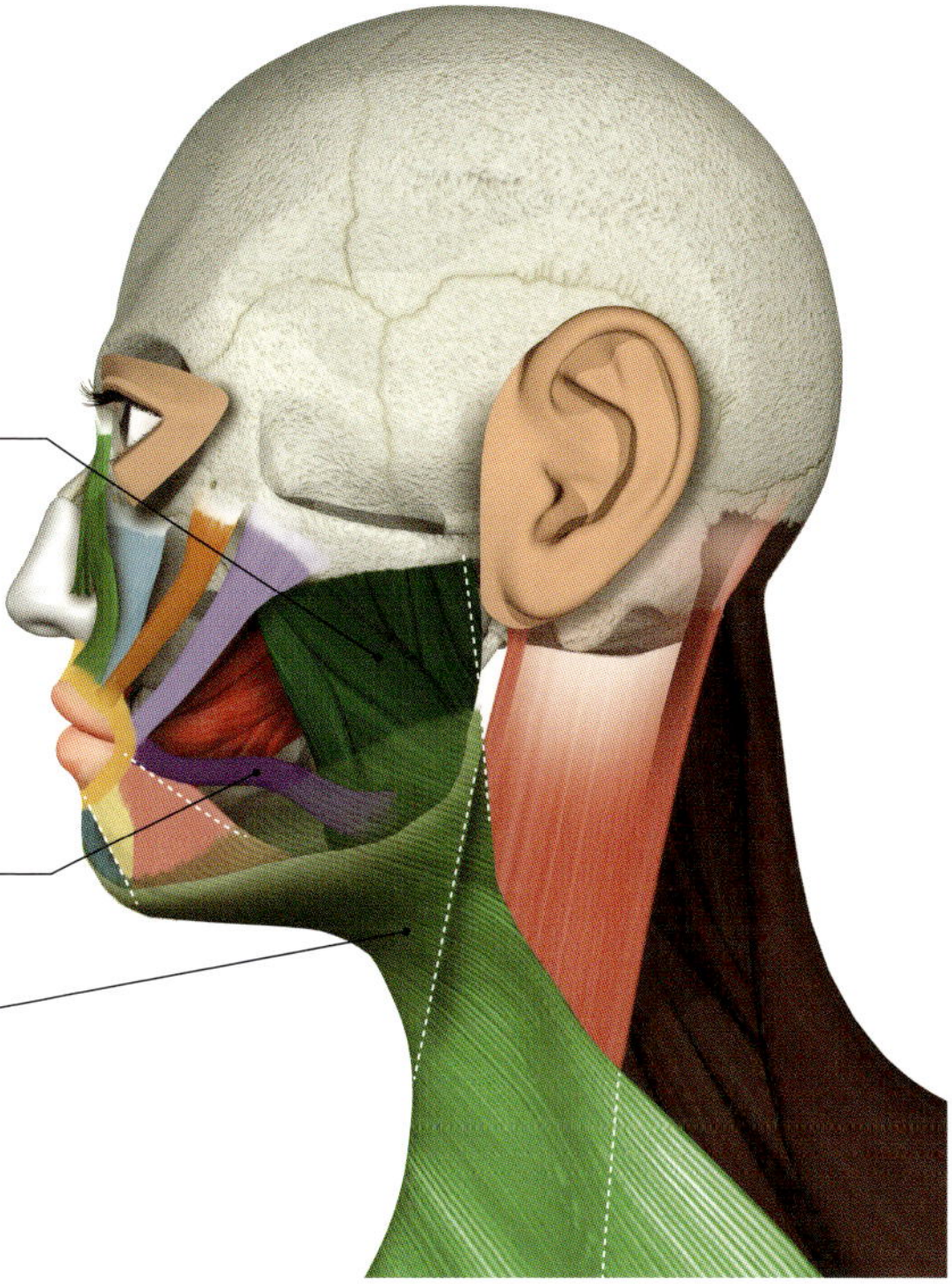

＊実際の広頸筋は頬中央〜後方まで覆っている場合もあります。
範囲は個人差があります。

5

❶目頭より少し下（鼻の付け根）あたりの骨にあたるように指を置き、矢印の方向へ1・2・3のリズムで動かす。
❷頬骨中央一番高いあたりも矢印の方向へ1・2・3のリズムで動かす。
❸頬骨の最後（耳の穴の前）あたりを矢印の方向へ1・2・3のリズムで動かす。

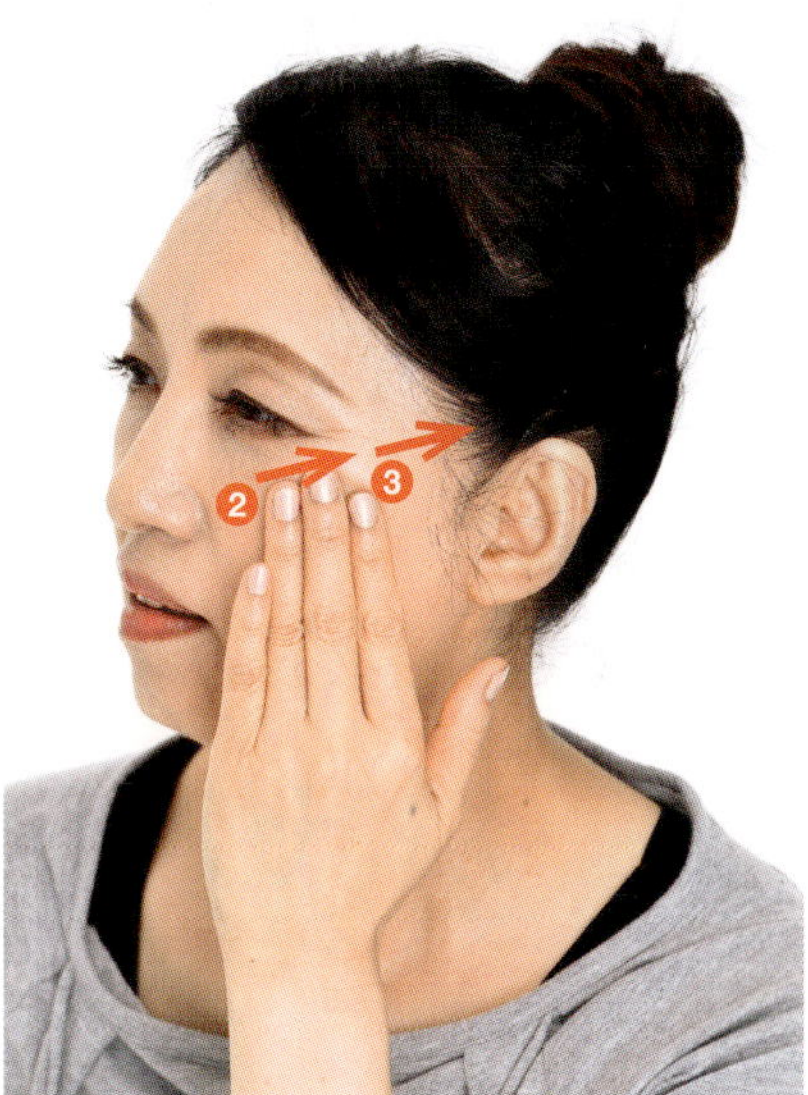

動かしている主な筋肉

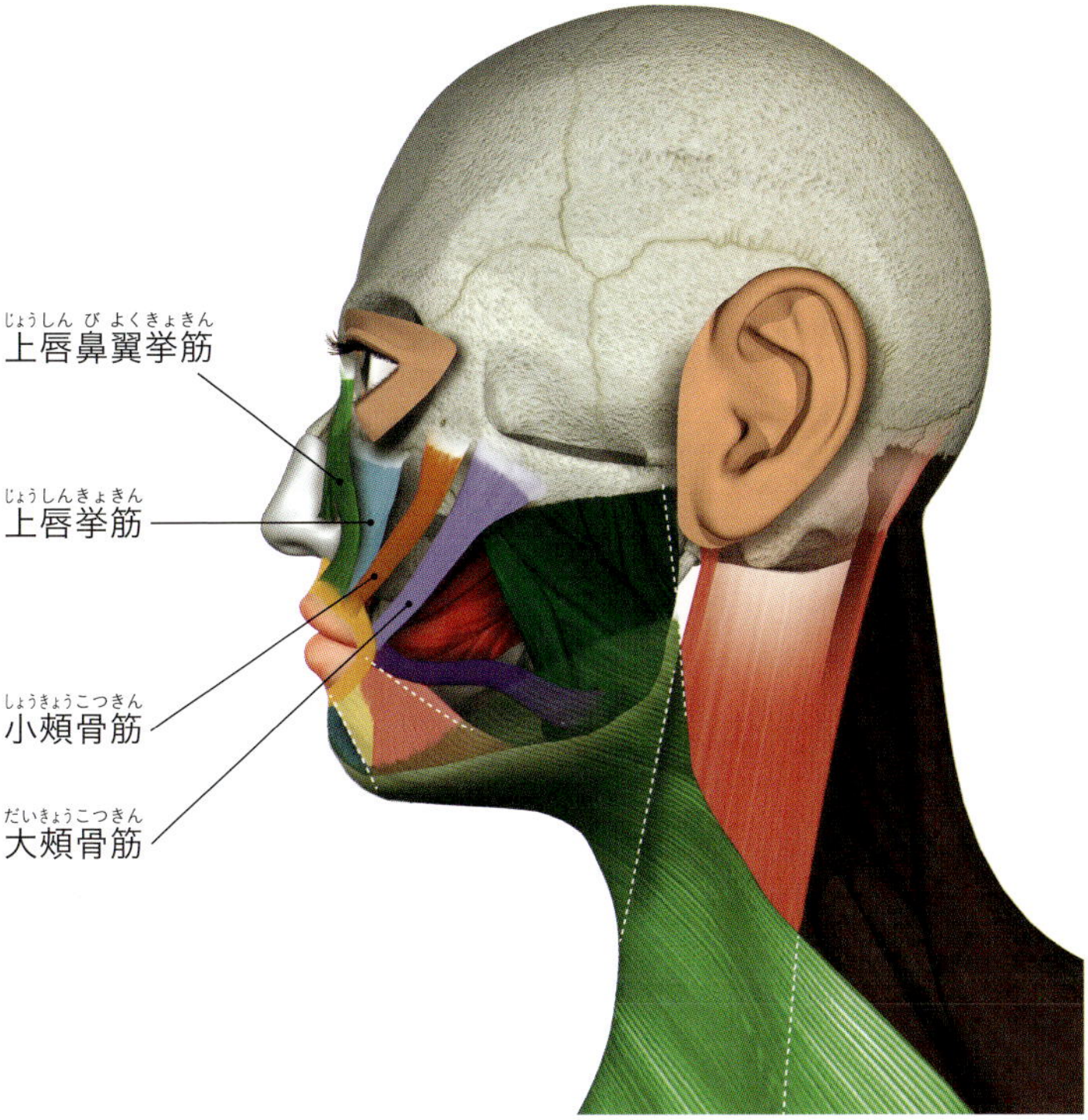
上唇鼻翼挙筋《じょうしんびよくきょきん》
上唇挙筋《じょうしんきょきん》
小頬骨筋《しょうきょうこつきん》
大頬骨筋《だいきょうこつきん》

＊実際の広頸筋は頬中央～後方まで覆っている場合もあります。
範囲は個人差があります。

6

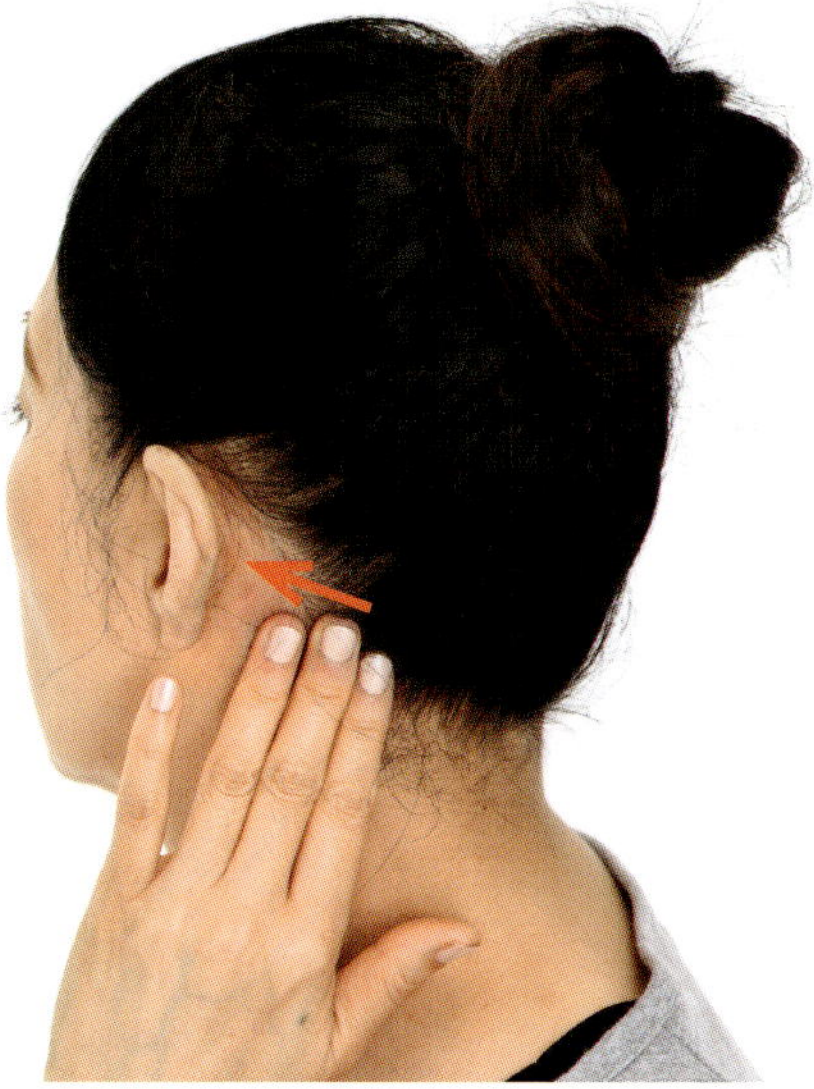

❶首を左側へ傾け、耳の裏側の硬い骨から3～5cmくらい後頭部の骨の部分に指の腹をあててそこから前方へ3回動かす。

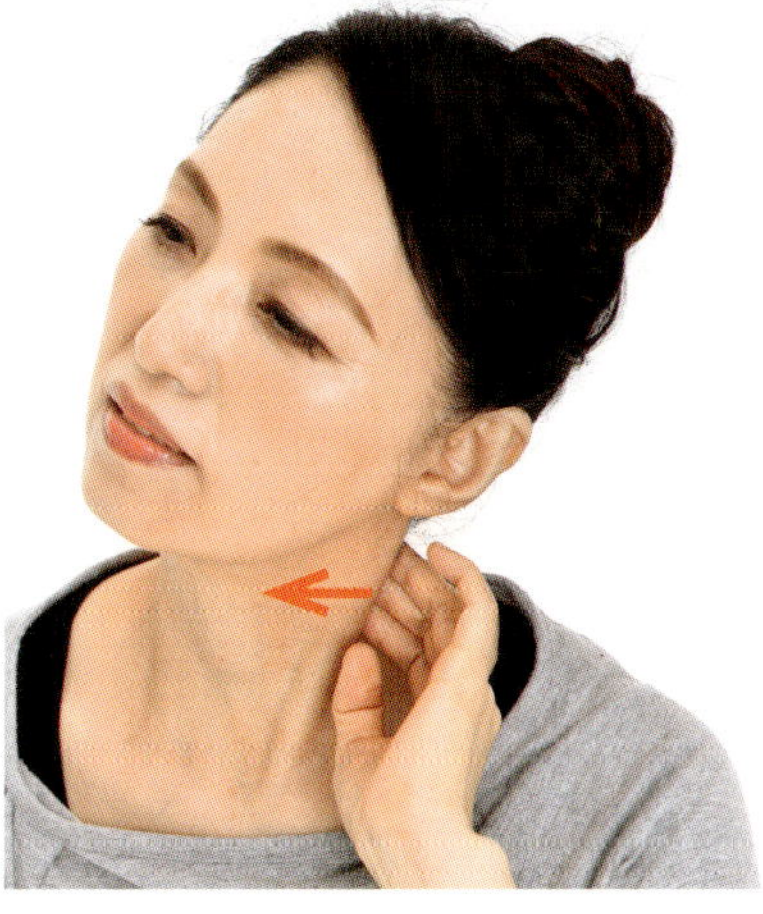

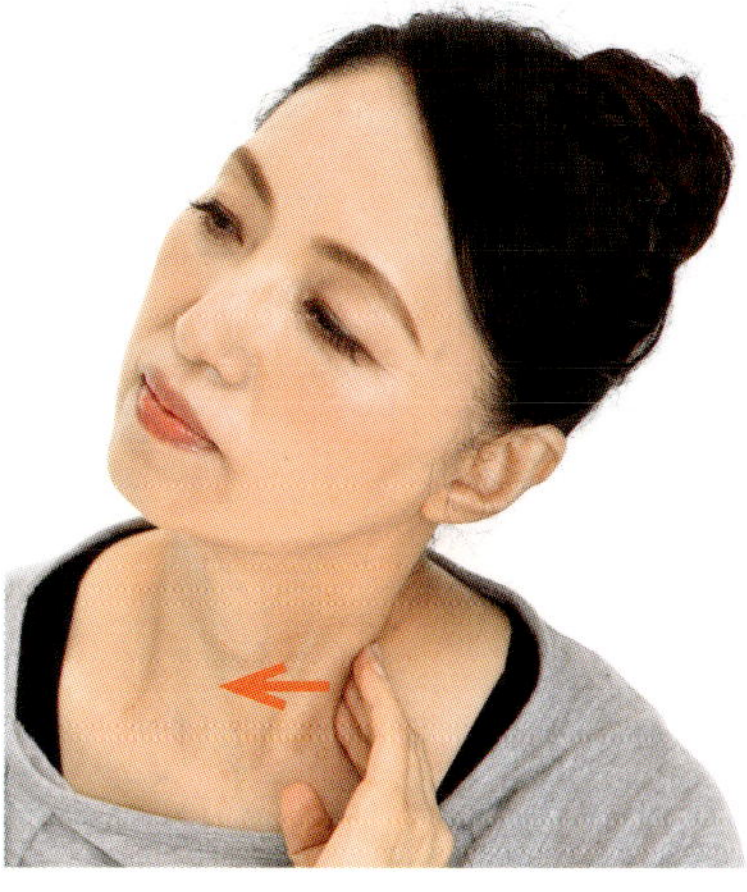

❷首を傾けたことで浮き出てきた、胸鎖乳突筋の中央とその下を後ろから前へ押し出すように3回ずつ動かす。

❸胸鎖乳突筋の付着部、鎖骨の付け根あたりを押す。

動かしている主な筋肉

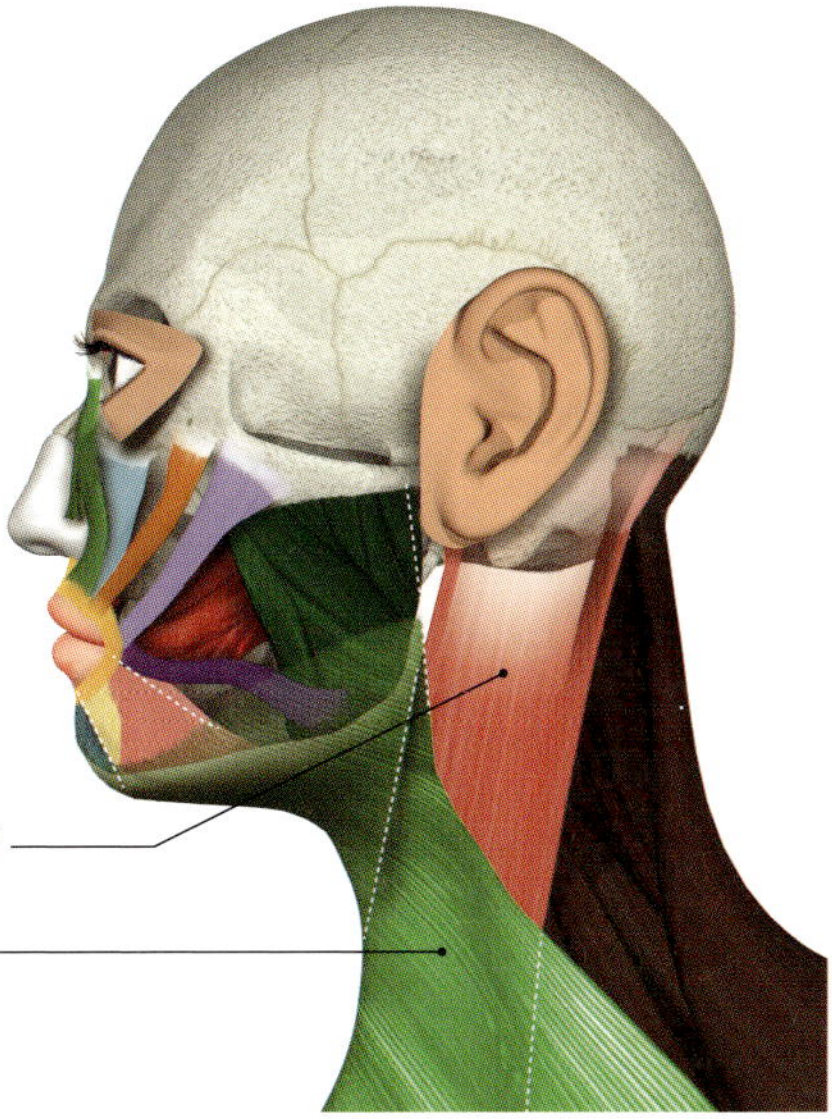

＊実際の広頸筋は頬中央〜後方まで覆っている場合もあります。
範囲は個人差があります。

7

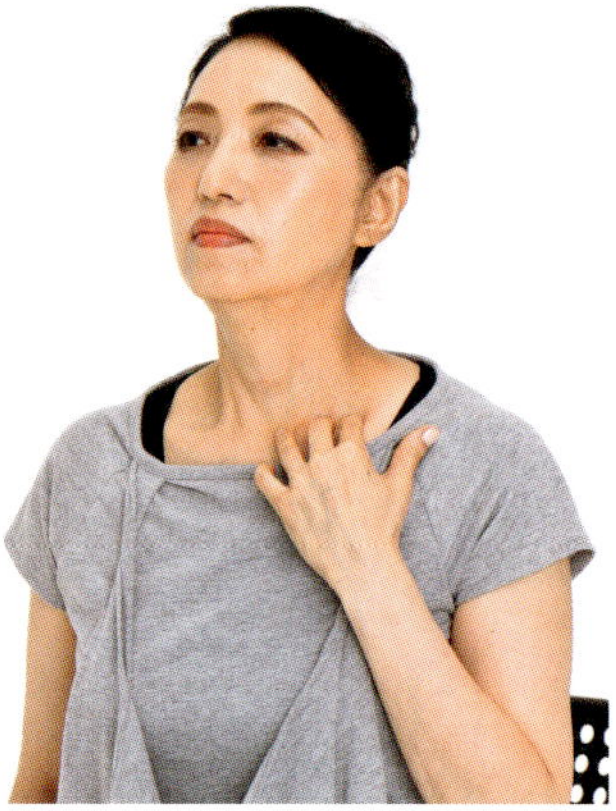

❶鎖骨のくぼみと胸骨あたりに手を置いた状態で鼻から息を深く吸い込む。視線は自然に上方へ向け、首も元に戻す。

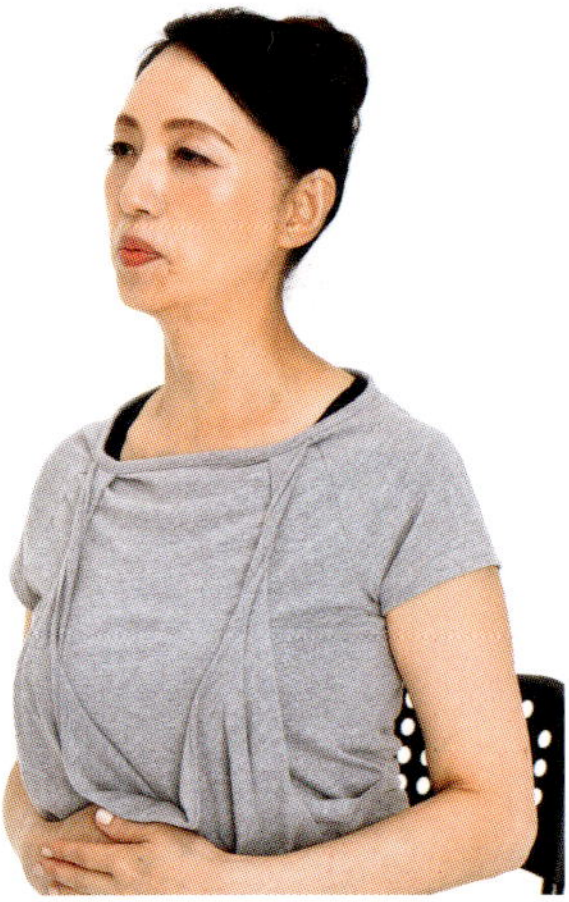

❷姿勢が戻ったところで、お腹に手を置き息を一度フッと吐いて止め、腹圧をかける（このとき肩甲骨どうしが寄っている）。

❸その状態から肩だけを落とし、息を深く吐き続けて1セットが終了。右側も同様に行う。

1〜7を左右3セットずつ行う

PART 2

さらに効果を上げる
トレーニング

【表情筋トレーニングをもっと効果的に】

毎日の生活の中のちょっとした空き時間や、時間に余裕がある日に、さらに効果を上げるためのエクササイズを取り入れてみませんか？

実は私はこれからご紹介するエクササイズのほぼ全てを毎日の生活に取り入れています。

私も朝から夜まで歯科医師として働いていて自宅にいるときは家事をしています。そのため、空き時間は本当にわずかです。

休みの日も、講演会や取材や撮影などで埋まっており、時間に余裕がある日などはありません。そのため、食事のときやお風呂に入っているとき、トイレに立ったときの鏡の前で……など本当にすき間の時間を活用して行っています。

これらの動作を組み入れることで、PART1でご紹介した宝田流表情筋トレーニングの効果がさらに上がりますよ。

1～7のトレーニングは全部行う必要はありません。また、順番は関係ありません。ご自分が取り入れられそうなものを、できるときにやってみて下さい。

1 頬筋《きょうきん》ほぐしマッサージ

頬筋は内側にあり、顔の表面からは触りづらい筋肉です。このマッサージはこの頬筋を内側からダイレクトにマッサージできます。

1

たたくことで唾液が出て潤滑油がわりとなります

親指を口の中の奥歯の方まで入れ、親指の爪で頬に触る奥歯の歯の面をトントンたたく。

2

口の奥から口角へと親指の腹でさするように矢印方向に指を動かしながらマッサージ。

3

口角から口の奥へと同様の要領でマッサージ。1～3を3セットずつ行い、反対側も同様に。

2 咀《そ》嚼《しゃく》エクササイズ

私は朝ご飯時に行っていますが、昼でも夜でもOKです。咀嚼筋を動かしながら、あらゆる表情筋を刺激できます。

1

太ももに
負荷が
かかる

こんな格好でご飯を食べていませんか？

×

姿勢を正して座る。骨盤をまっすぐに立てるのがコツ。お尻に力を入れ、脇は閉める。

2

かかとを上げることで、
姿勢を整え
下半身の筋力アップ
ふくらはぎに負荷がかかる

食べ物を口に入れ、かかとを上げる。

3

かかとを上げたまま左側でゆっくり5回かむ。

4

かかとを下ろし、口の中の食べ物を右側へ移動させる。

5

同様にかかとを上げて、右側でゆっくり5回かむ。

6

2～5を3セット繰り返し、計30回かんだら、最後にごくんと飲み込む。

3 ひふみエクササイズ

お化粧したままでもできるエクササイズなので、トイレの鏡の前などで行っています。口角をきゅっと引き上げる効果があります。

1

両手を頬に添え、親指は顎の下あたりに添える。口を左右に開き「ひぃ」と勢いをつけて発音。

2

「ふぅ」と勢いをつけて発音。

3

最後に「みぃ」と勢いをつけて発音。吐き切ったら口を閉じ鼻から息を吸って2セット目に入る。発音しながら目線が下がらないように注意。1～3を3セット。

4 舌スイングエクササイズ

首のシワ予防やフェイスラインをすっきりさせるのに役立ちます。さらに誤嚥《ごえん》予防にもなるエクササイズです。ちょっとした空き時間に行えます。

1

両手を交差し、肩付近に手を置く。

舌を中央に突き出したとき一番高くなるよう意識する

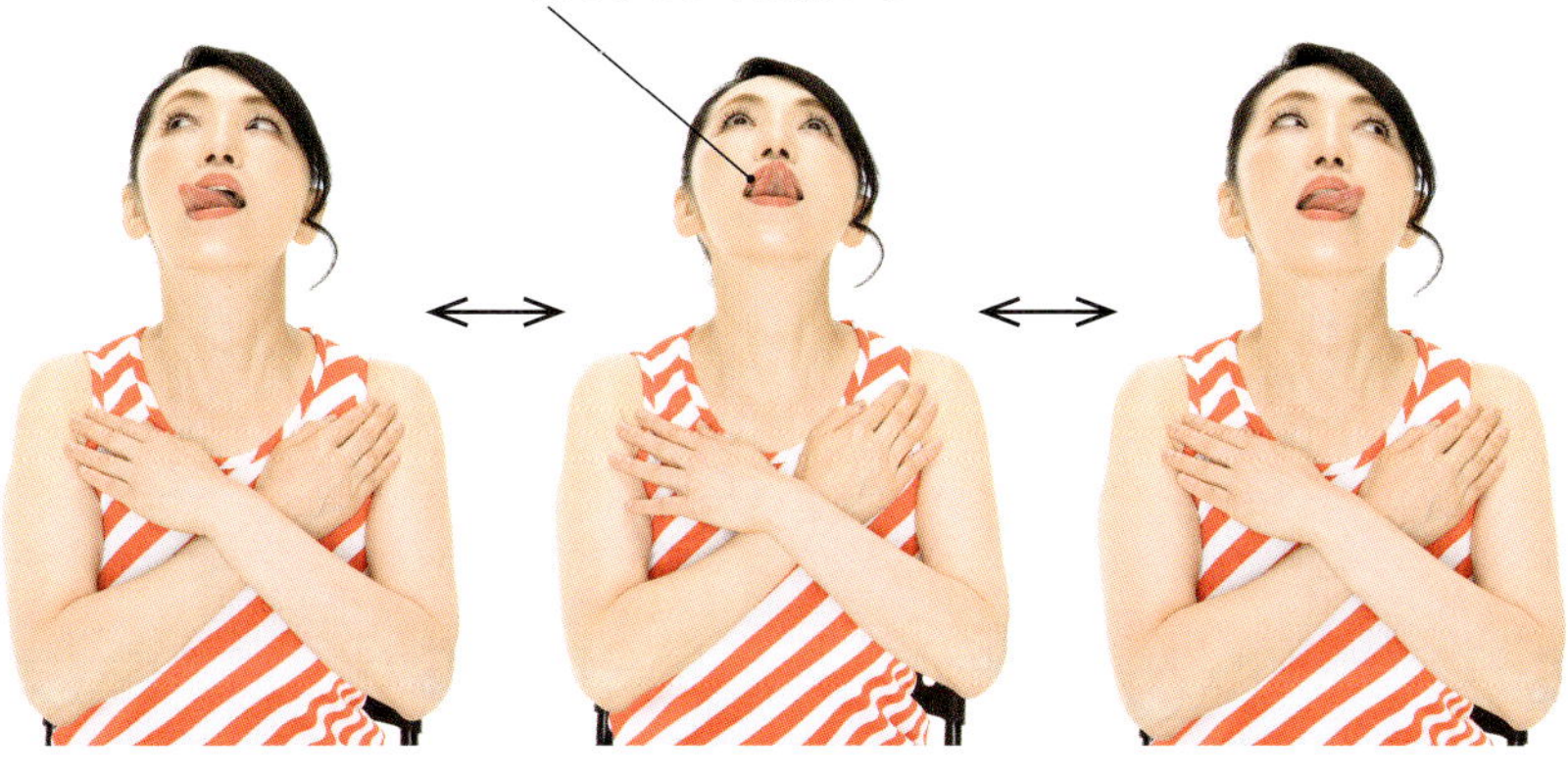

2

首を反らして、舌を上に突き出し左右に振る。舌の動きにあわせて眼球も動かす。左右8回を1セットとし、3セット行う。

5 舌まわしエクササイズ

ほうれい線を押し上げるように舌をまわします。ほうれい線予防や唾液の分泌を促すことで活性酸素を抑制し老化防止につながります。

1

舌で歯と歯肉をなでるようにまわす。同時に目もまわす。3回。

2

同様の要領で反対まわりで3回行う。

6 ペットボトルエクササイズ

フェイスラインを引き締めるのと同時に腹筋を鍛え、ヒップアップ効果もあります。軽い尿モレ予防にも効果的です。

1

ペットボトルに向かい、「ホー」と息を吐く。

2

ペットボトルをくわえ、お尻を引き締め腹筋を意識しながら、頬が上がるようなイメージで8秒間息を吸い込む。

3

息をフーッと8秒間吹き込む。1〜3を3セット行う。

7 電車の中でのエクササイズ

私は毎日1駅分このエクササイズを30年ほど続けています。行き帰りの電車の中でできるのでおすすめです。

1

電車の中のポールにつかまる。

2

頭を反らし、かかとを上げ、目線を上に向けたまま約1駅分（約1〜2分）その状態を保つ。

PART 3

たった5分の
トレーニングで
驚きの効果！

【どうして宝田流表情筋トレーニングは効果が出るの？】

義母の顔面麻痺がきっかけで、顔の筋肉や骨、血管、神経について深く学んだことから、この宝田流表情筋トレーニングは生まれました。

義母が顔面麻痺になったとき、まず困ったのが、お茶や味噌汁などをうまくすすれなくなったことです。これは食事を飲み込む際の嚥下にも関わるので、まずはストローで繰り返し吸う練習をしてもらいました。

骨と筋肉の関係に着目した表情筋トレーニングを取り入れたところ8ヶ月ほどですすったり、かんだりする機能が回復し、曲がっていた顔もだんだんと元通りになっていったのです。

さらに義母は「顎のあたりが軽くなった」「笑顔がつくりやすくなった」と言い、見た目もフェイスラインが引き締まり、口角が上がり、若々しくなりました。

この義母の変わり様を見て、「この表情筋トレーニングは美容効果もすごい！」と思ったのです。つまり、顔面麻痺のリハビリではなくても骨や筋肉、血管、神経など総合的に表情筋にアプローチすることで、この宝田流表情筋トレーニングは効果が出やすいのです。

見た目を若くするには下顔を鍛える

ほうれい線がくっきりしていたり、口角が下がっていたりすると、かなり老けて見えます（P61参照）。つまり頬から下（下顔）をしっかりトレーニングすれば若見え効果が大きいのです。

義母の件で、顔の表情筋についてはかなり深くまで勉強しましたので、どうやって効率的にトレーニングすれば下顔が鍛えられるか、などの独自のメソッドを確立しました。かかる時間は朝晩たったの5分です。まずはその目で効果を確認してみてください！

皆さんに効果を知ってもらうべく、７人の

一般の方に協力をお願いしました。トレーニングの効果を高めるために、被験者の皆さんにはウォーミングアップ（P22）を行ってもらっています。

このウォーミングアップをすることで、下顔を引き上げる効果がさらに高まります。

それでは宝田流表情筋トレーニング下顔引き上げ顔筋リフトの効果をご覧ください。

宝田流表情筋トレーニングの効果

宝田流表情筋トレーニングの効果を知っていただくために、70～30代の女性の方に半顔のみトレーニングして撮影しました。その効果をご覧ください。

＊感想はあくまでも個人的な意見です。

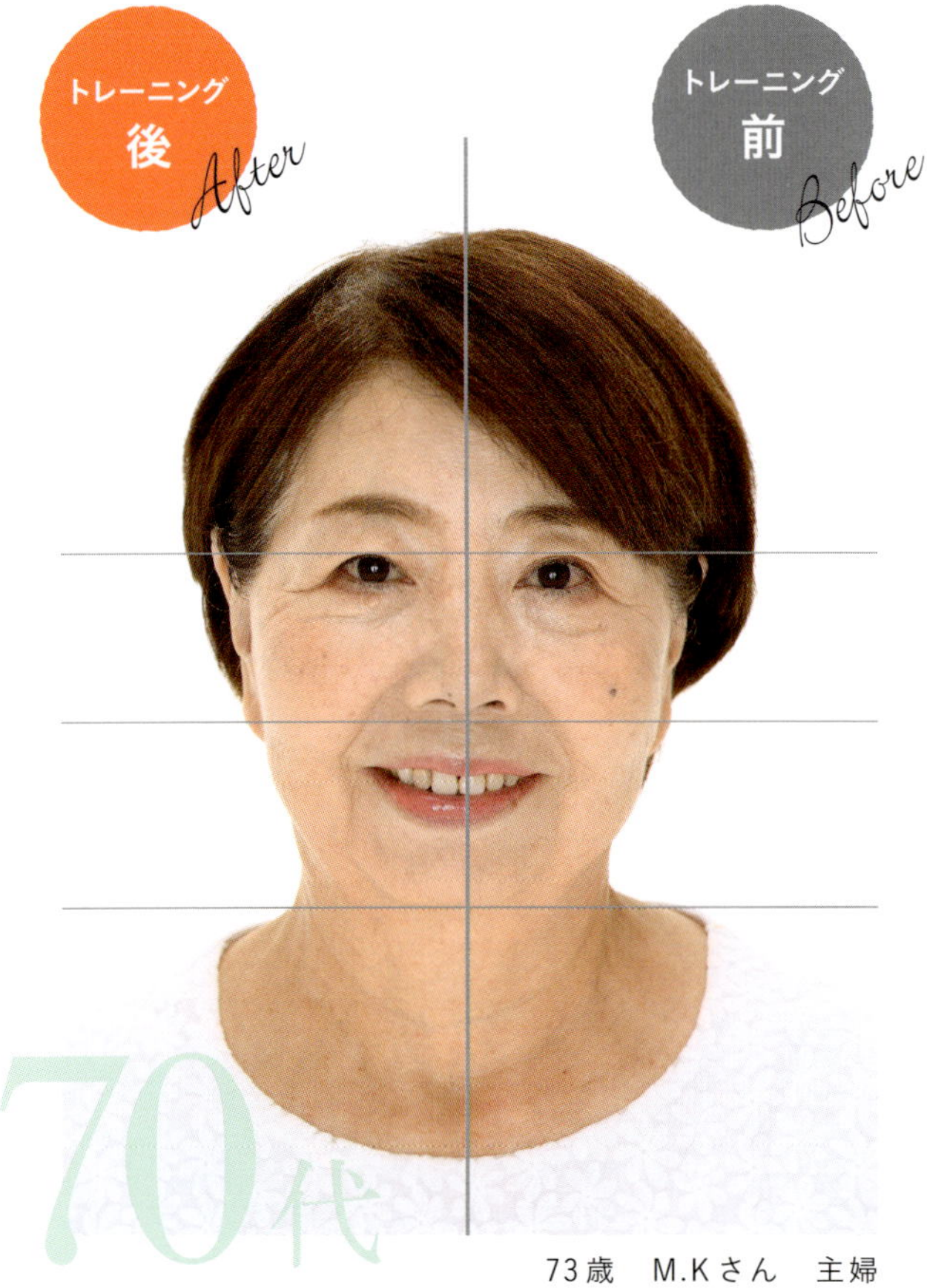

73歳　M.Kさん　主婦

右顔（向かって左側）をトレーニング。トレーニングをした側の口角が上っているのがとくによくわかります。目尻の位置の違いもはっきり出ています。

トレーニング後の感想

60代のときに脳の検査をしたところ脳の萎縮が見られ、80代の脳に相当すると言われ落ち込んでいました。それ以来、常に右顔が下がった気がして（身体も同様）気になっていました。今日の数分で顔の右側が上がったので嬉しかったです。

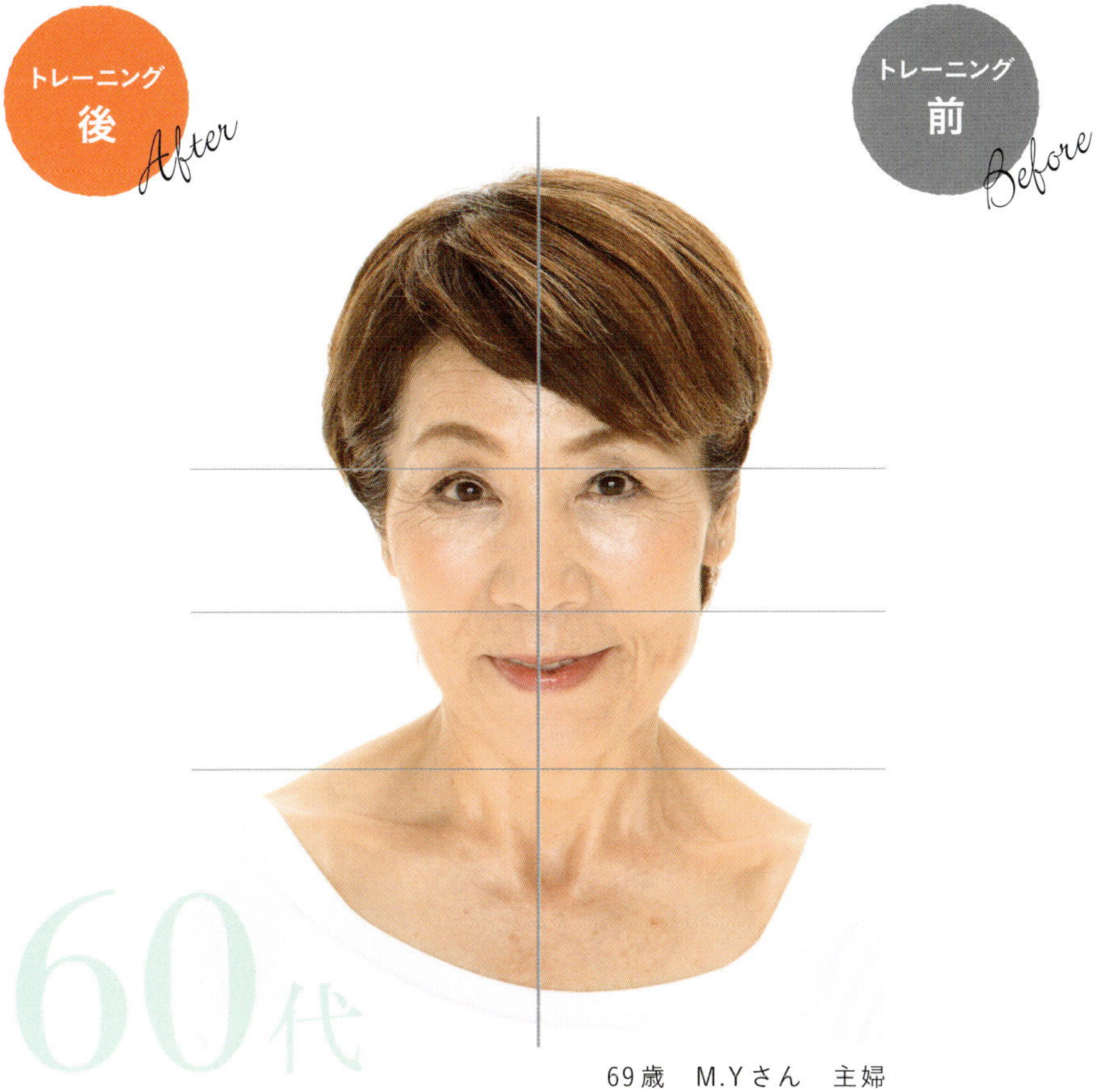

69歳　M.Yさん　主婦

右顔（向かって左側）をトレーニング。トレーニングをした側の目がはっきりと開き、フェイスラインもすっきりしたのがわかります。

トレーニング後の感想

トレーニングのあと顔半分が温かく、顎が軽くなりました。毎日コツコツすることが大切、いつまでも少しでもきれいにしたいです。

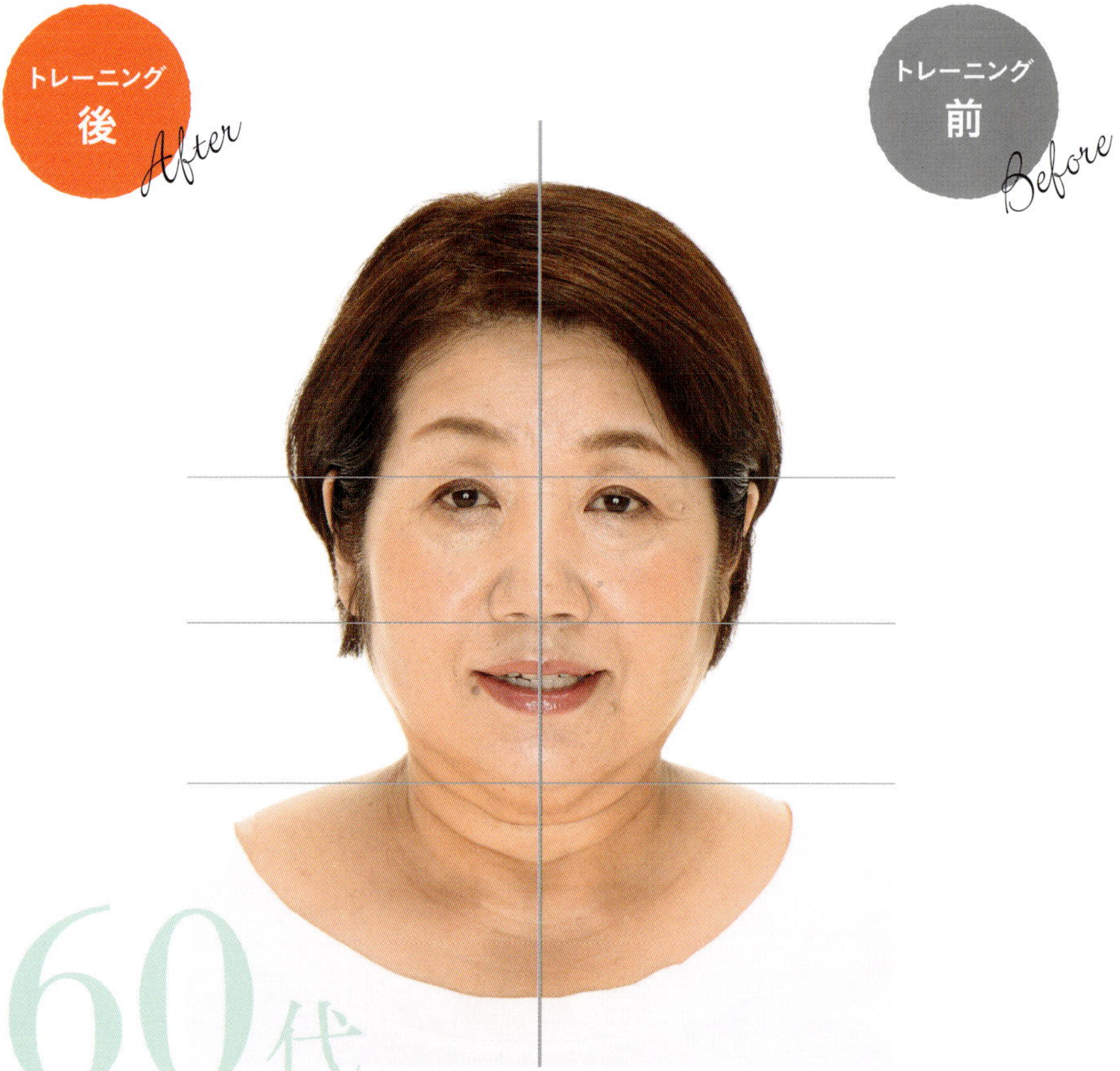

60代

64歳　S.Aさん　主婦

右顔（向かって左側）をトレーニング。目の位置や頬骨の高さなど、右顔全体が上がっているのがわかります。

トレーニング後の感想

骨に沿ってするトレーニングは画期的です。心地よく顔がアップし目が開くのがわかります。続けて明るい毎日を過ごしたいです。

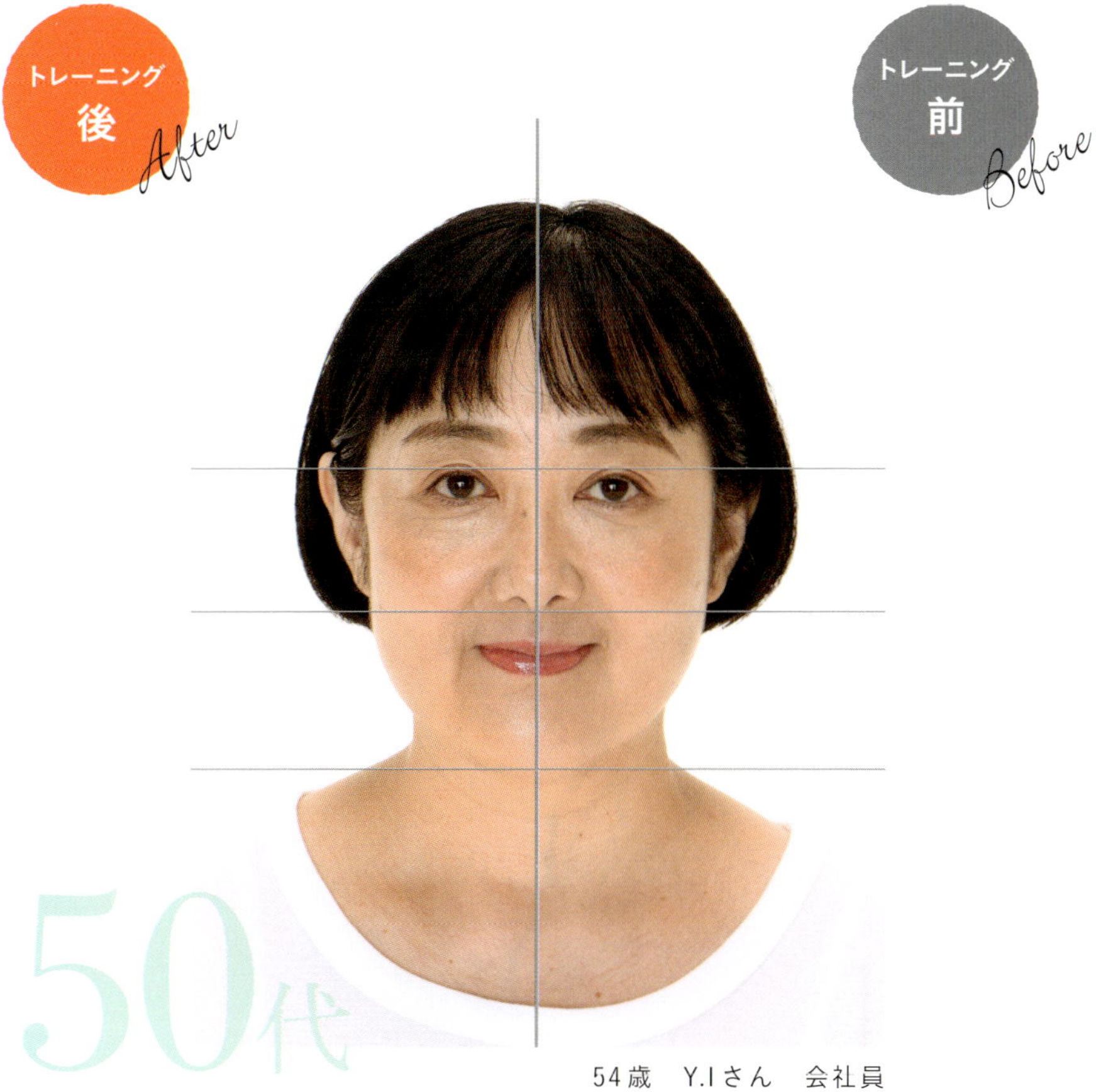

54歳　Y.Iさん　会社員

右顔（向かって左側）をトレーニング。目の位置があがり、頬の位置も上がっているのがわかります。

トレーニング後の感想

顔が若返りました。顎関節が楽になりました。朝、晩続けたいと思います。

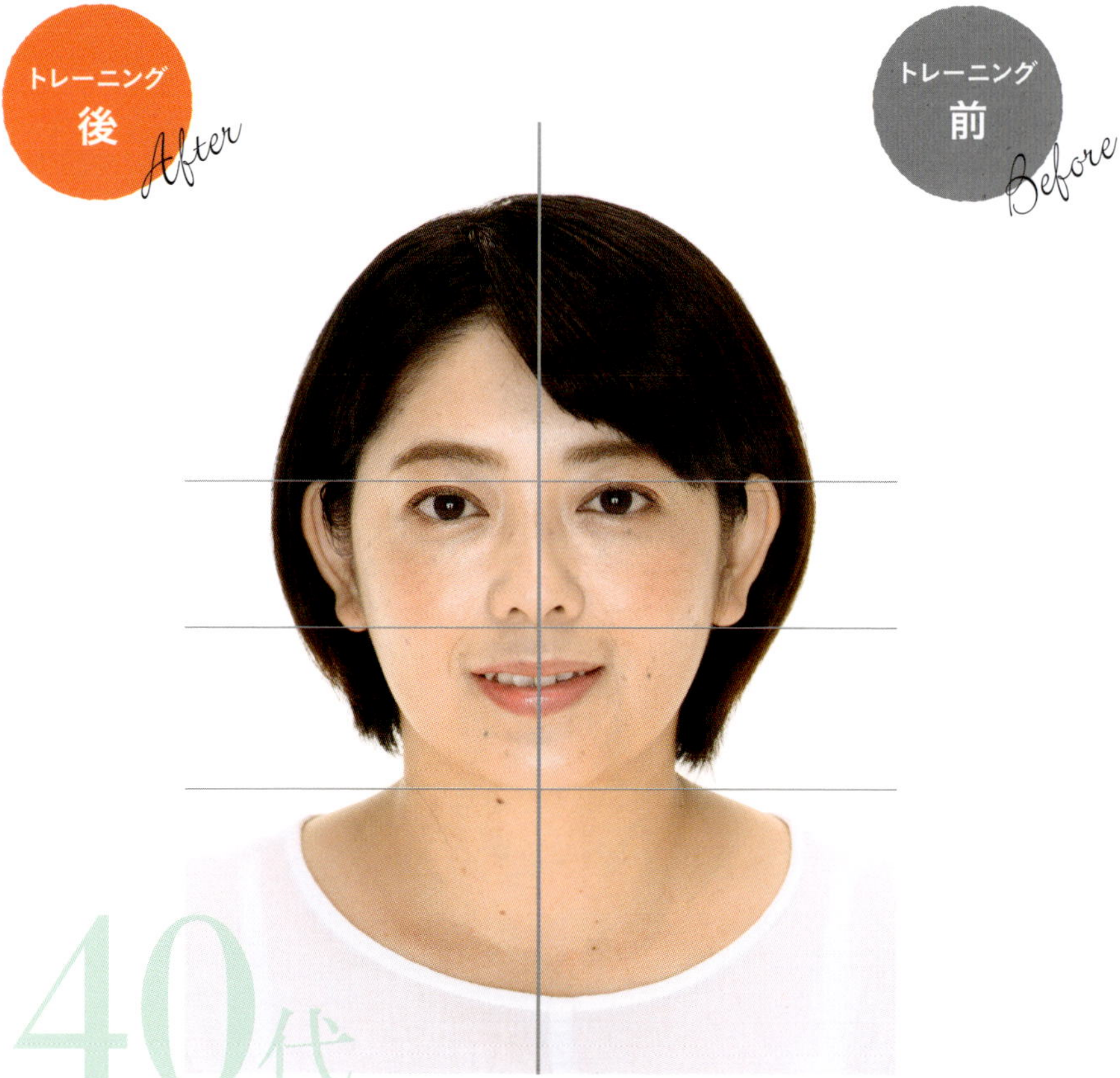

40代

41歳　H.Tさん　主婦

右顔（向かって左側）をトレーニング。トレーニングした側の目がパッチリしました。顔も頬からきゅっと上がった印象になりました。

トレーニング後の感想

短い時間であっという間に顔がきゅっと上がってビックリしました!!　これなら自分でも毎日継続して手軽にできそうです！

40代

42歳　S.Iさん　会社員

右顔（向かって左側）をトレーニング。トレーニングした側が全体的にきゅっと上がった印象になりました。

トレーニング後の感想

自分の顔の筋肉がほぐれて、上がっていくのをすごく実感しました。ほぐすことがとても大事なのが今日の体験でわかりました。自宅でも頑張ってやってみます。

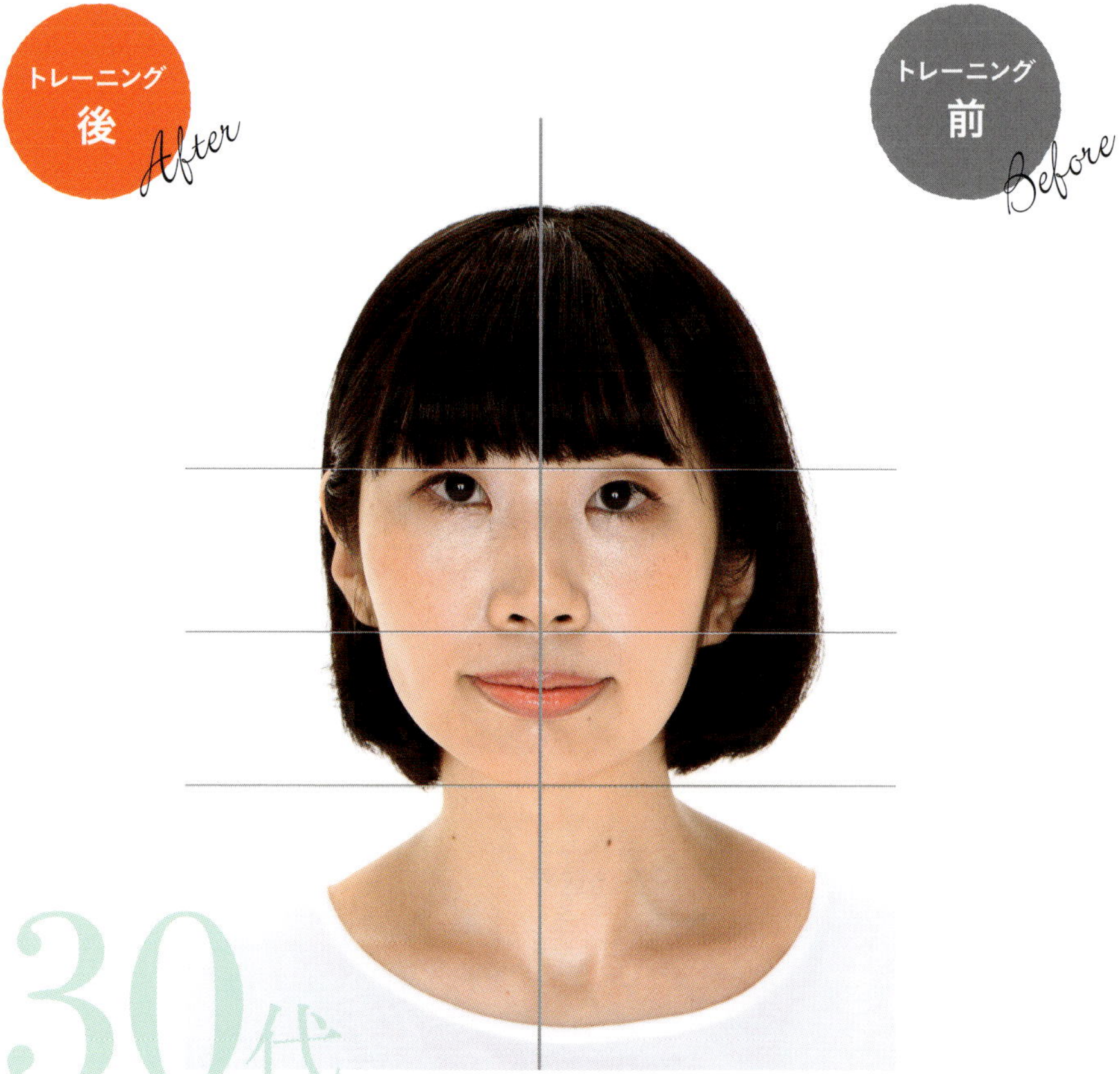

30代

34歳　H.Iさん　会社員

右顔（向かって左側）をトレーニング。トレーニングした側の顔全体が引き上がりました。

トレーニング後の感想

普段顔がむくみやすいのが気になっていましたが、目のまわり、頬のあたりの筋肉が動かしやすくなりました。目が少し大きく見えてトレーニングした側が全体的に上がった実感が！

フェイスラインがすっきりする理由

皆さんの結果を見ていただき、トレーニングした側としない側の違いがおわかりいただけたかと思います。

きちんと結果を出すコツ「正しいトレーニング位置を理解し、そこに触れる」ことがとても重要なことを実感していただけたことでしょう。

今まで色々な取材を受けてきて、雑誌などにもこの宝田流表情筋トレーニングについて紹介していただいていますが、誌面に限りがあり、伝えたいことが十分に伝えられていない……と感じる部分がありました。

この正しい位置は、PART1の解剖図で確認できますので、ご自分の表情筋の位置をしっかり確認しながらこの宝田流表情筋トレーニングに挑戦してみてください。

Column

義母の顔面麻痺から学んだこと

一般に顔面麻痺は原因がハッキリしないことが多いらしく、治療法も確立されていないようです。そのため、私が義母の顔面麻痺を私の指導で治した……というと、医療関係者に驚かれることがあります。

私がまず着目したのは「血流」です。義母の顔面麻痺の顔に触ったとき、硬さと冷たさを感じ、いつもの義母の皮膚とは思えませんでした。そのとき思い出したのが死後硬直です。私は何人かの身内を看取っていますが「ご臨終です」と宣告されてから血流が止まり、徐々に硬くなっていく身体……。火葬前に本当にカチコチになっているのを思い出したのです。

もしや、この義母の顔のカチコチの部分には血液がほとんど通っていないのでは……と思い、そこで筋肉や骨の位置関係について深く学び、ここぞという位置を狙って表情筋トレーニングを行ってもらったのです。

もちろん、軽い全身運動などもしてもらい、身体全体の血流アップもはかりました。義母は自身の猫背とむくみやすさをとくに気にしていましたので、ウォーミングアップは欠かせませんでした。おかげさまで8ヶ月を過ぎた頃、義母の顔面麻痺は完全回復したのです。

色々な経験や学習が偶然にもリンクしてできた宝田流表情筋トレーニング。明日からでもすぐにでき、若見えに加え肌ツヤも良くなるいいことずくめのトレーニングです。

PART 4

どうして顔は
たるむの？

1 老化のサインってどこ？

左ページのイラストを比べてみてください。

同じ人物にマスクをしたものと、していないものです。

マスクを取ったときのギャップがかなり大きいことに驚かれたでしょう。

マスクを取ったイラストに「ほうれい線」「マリオネットライン」、ゆるんだ「フェイスライン」を書き加えることで、一気に老け顔になってしまうのです。頬から下の部分、つまり下顔に「老け見え」の要素が集中しているのです。

翻って下顔がリフトアップすれば若見えが可能ともいえます。

私は歯科医師として口腔《こうくう》環境を整えるため、口まわりの筋力アップを推奨しています。なぜなら、口まわりの筋力がアップすると「入れ歯の安定が良くなった」「むせなくなった」「顎関節症《がくかんせつしょう》が軽くなった」「口臭が和らいだ」などの、主に歯科関係の効果が得られることがわかっていたからです。そして今では、誤嚥予防にもつながることが実証されています。

そうした効果以外に「顔がシャープになった」「目がぱっちりした」「痩せた？　と聞か

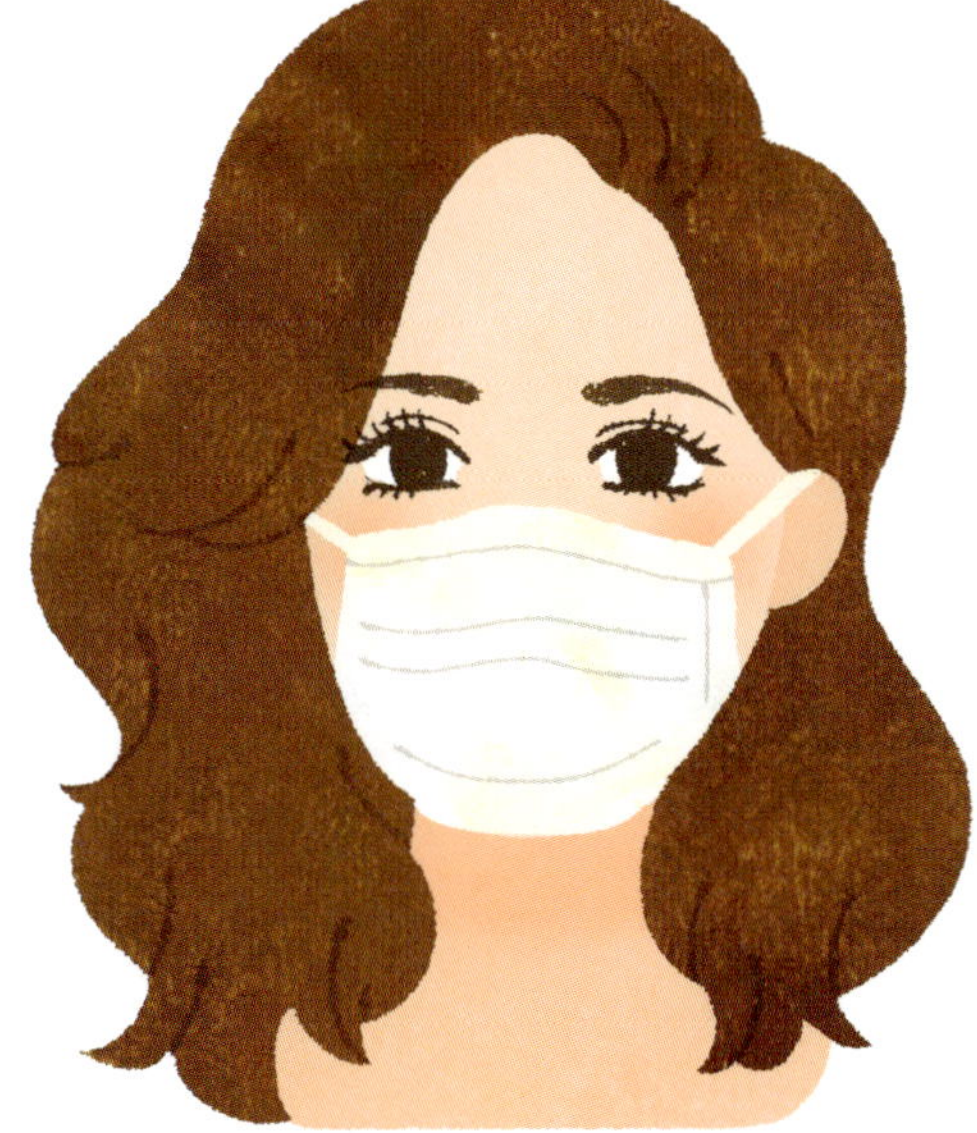

れるようになった」「肌ツヤが良くなった」「口角の左右バランスの取れた笑顔になった」など本来の目的以外の美容系の効果が得られたのです。この効果は、歯科の領域を超えるものですが、女性にとってはかなり嬉しい効果です。

私のこの経験からも口腔環境を整えるためのエクササイズが、見た目を若返らせる下顔のリフトアップ効果につながることがわかりました。

2 現代人はたるみやすい

昔に比べて現代人はたるみやすくなっていると思います。

なぜなら、今まで我々の生活にはなかったパソコンやスマートフォンなどが急速に普及しているからです。

これらの道具が普及することで、以前よりも長い時間同じ前傾姿勢を保っていることが多くなっています。

この本を手に取られている読者の方も、今どのような姿勢で本に目を落とされているでしょうか。顔は下を向き、背筋は丸く、そんな姿勢をされていませんか。

上のイラストをご覧ください。私がよく電車で見かける人たちです。

顔をずっと下に向けることでたるみやすくなるのでは……と冷や冷やしてしまいます。

さらに姿勢です。どうしても顔が下を向き、スマートフォンをのぞき込むように見るので、背筋をピンと張るのは難しくなります。

さらに腹筋の力も抜け、美しいきちんとした座り方からは程遠い姿勢になります。

私はこれを「スマホたるみ」と呼ぶことにしました。

また、食事のときも同様です。テレビやスマホを見ながら、かき込むように食事をする……ときには肘をテーブルにつく……。

昔だったら親などに注意され、直す癖がついていた食事時の姿勢も今は核家族化、さらに孤食などで大勢で食事をすることが少なくなり、姿勢や食事マナーを注意されることが少なくなっています。こうした悪い姿勢は顔のたるみにもつながります。

私はこれを「犬食いたるみ」と呼ぶことにしました。

現代人は「スマホたるみ」「犬食いたるみ」による顔のたるみが増えているのです。

3 このように人の顔は老化する

人の顔が老化するとき、頬まわりや顎がだぶつきます。下のイラストを見ていただくとわかりやすいかと思いますが、イラストのベースは若い頃のフェイスライン、それに対して頬まわりや顎まわりのフェイスラインが下がってくると、老け見えの原因となります。

この下がる原因は表情

筋の衰えによるものです。

表情筋は顔の皮膚の下に広範囲に広がっている筋肉で、筋膜で覆われておらず非常に薄く、種類は24種類ほどあります。

フェイスラインのゆるみはこの表情筋の衰えが関係しています。

鏡を見て、頬や顎まわりのフェイスラインがゆるんでいるな……と思ったら、まずは表情筋を鍛えましょう。大事なのは、自分でやってみることです。いきなりエステに飛び込んで「私の表情筋を鍛えて！」ではなく、ご自分の手を使ってトレーニングをしてみませんか。

私は昔から「きれい」を人まかせにしない、とお話ししています。人の手を借りる前に自分でケアすることを信条としています。自分で自分をケアすることは、自分をいたわることです。そして、そのような気持ちは必ず「きれい」に反映されると思うのです。

顔の老化のサインを見つけたら、ぜひ宝田流表情筋トレーニングにチャレンジしてみてください。

中には「もう下がりきっていて手遅れです」と考える方もいらっしゃいますが、そんなことは決してありません。

ある大学の身体科学系の教授が、80歳、90歳になってもトレーニングをすれば筋肉は鍛えられる、と実証されています。身体だけでなく、表情筋も同様の筋肉です。自分を信じて「手当て」をしてあげてください。

4 骨の萎縮もたるみの原因！

年齢を重ねていくと、身体だけでなく顔の骨まで萎縮することをご存知でしょうか？加齢による女性ホルモンの低下により、骨は影響を受けやすく、骨密度の低下だけでなく骨の萎縮も起こります。顔では顎まわりの骨の萎縮が起こり、骨にのっていた筋肉が下がります。それが老け顔のさまざまな原因になります。

左ページのイラストを見ていただくとわかりやすいかと思います。また、顔の骨に続く背骨が丸くなると、より老けた印象になります。

人はあなたの顔だけでなく、全体を見ています。背中が丸く顎を突き出した姿勢では10代の女性であっても老けて見えてしまうのです。

最近「オステオカルシン」という骨ホルモンが話題となっています。骨から分泌されるこのホルモンが全身に若返りメッセージを届けているらしい……とわかってきました。

PART5でオステオカルシンのことについて詳しく説明しますが、このホルモンは若見えだけではなく、認知症予防、美肌にも効果があると言われています。

骨の萎縮は40代から始まります。オステオカルシンを増やすためのエクササイズなども掲載していますので、宝田流表情筋トレーニングとあわせて行い、全身の若返りを目指しましょう。

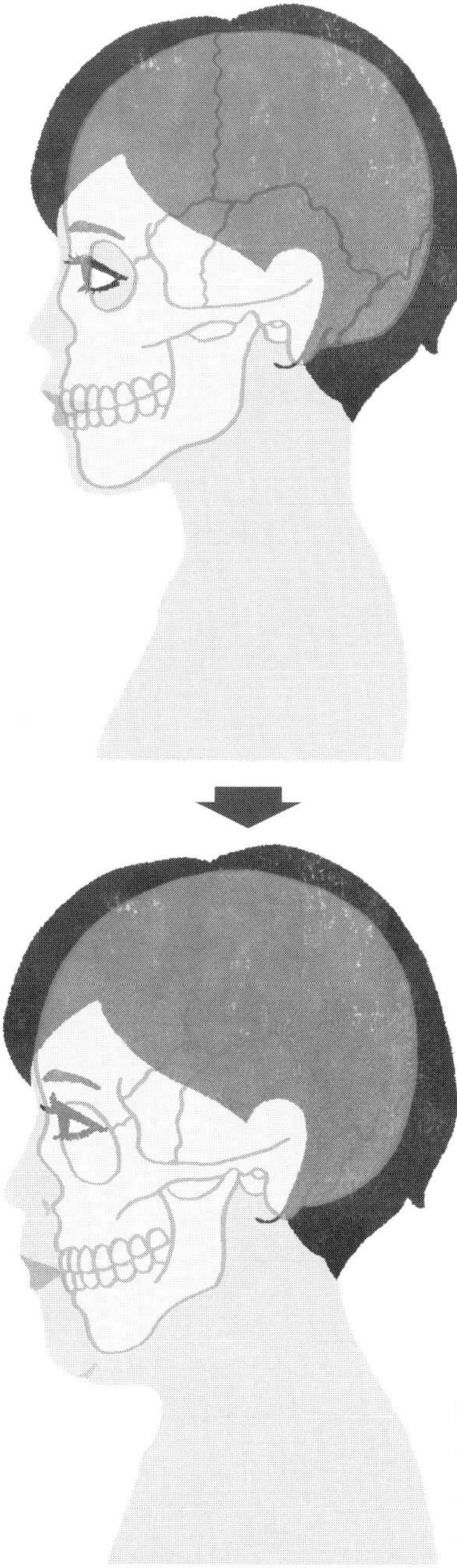

20代
骨と筋肉が離れていない。

60代
骨の萎縮により骨と筋肉が離れてしまう。

5 どうすれば顔のたるみはストップできるの？

ここまで読んでいただき、表情筋をトレーニングすることが、顔のたるみをストップするのに有効なことがご理解いただけたかと思います。ＰＡＲＴ１でそのやり方はすでに詳しく説明しましたが、そこに掲載されている表情筋の図の大切さをより深くわかっていただけたかと思います。この表情筋トレーニングの一番重要なことは「正しいトレーニング位置を理解し、そこに触れる」ことです。

表情筋の位置は皆さんそれぞれ違います。表情筋に正しく触れることができれば、短時間で効果が得られ、朝晩１クール５分ほどのトレーニングで大丈夫です。

「え？　朝晩……」と思われる方もいるかもしれませんが、とある化粧品メーカーの実験で、朝よりも夕方の方が顔がたるんでいることが実証されました。つまり、夜にリセットしないと、たるんだ顔で眠りにつき、そのたるんだ顔を朝、鏡で見てげんなりするという悪循環に……。

そのため、宝田流表情筋トレーニングは毎日朝晩行い、たるみをリセットすることが必須です。

PART 5

若見え効果物質オステオカルシンとは?

美と健康の救世主「オステオカルシン」

宝田流表情筋トレーニングは「はじめに」で述べたように、顔だけでなく全身の若々しさを目指しています。この章では、最近注目されている若見え効果物質「オステオカルシン」についてご紹介します。

骨でつくられる「オステオカルシン」という物質が脚光を浴びるようになったのは、2007年に米国コロンビア大学の教授が「オステオカルシンには糖尿病を改善する働きがある」と発表したことがきっかけです。

その後さらに研究が進むと、オステオカルシンは人間の健康や若さを保つ働きなど、他にも色々な効能があることがわかってきました。以下に代表的なものをご紹介します。

全身の臓器を活性化……心臓、肝臓、腎臓、すい臓、腸などさまざまな臓器に作用し、それぞれの機能を活発にします。

血糖値を下げる……インスリンの分泌を促して血糖値を下げるので、糖尿病の予防や改善につながります。

認知症予防の可能性……オステオカルシンの量が増えると脳の神経細胞が活性化され、記憶力や認知機能が改善されるという研究結果も発表されているようです。

さらにオステオカルシンには、「若見え」に関わる嬉しい効果もあります。

活性酸素から肌を守る……活性酸素はシミやシワといった肌の老化を加速させる「美容の大敵」。オステオカルシンは、活性酸素を退治してくれる「SOD」という物質の働きを高める作用を持っています。

筋肉を増やす……軽快に動ける若々しいボディを保つためには、脚や背中をはじめ全身の筋肉をしっかりキープすることが大事です。最新の研究では、オステオカルシンは筋肉を増やす作用も持っていることが明らかになっています。

さらに、免疫力のアップやがん細胞死滅などの作用も期待されている、いいことずくめのオステオカルシン。いったいどのようにしてつくられるのでしょうか？

カギを握るのは「骨の新陳代謝」

オステオカルシンを上手に増やして健康や美容に役立てるために、まずは「骨の新陳代謝」について説明します。

骨は体の他のパーツと比べてかなり硬く、「一度つくられたら一生そのまま」というイメージがあるかもしれませんが、肌細胞と同じく「骨細胞」も毎日少しずつつくり変えられています。そこで活躍するのが「骨芽細胞」と「破骨細胞」という2種類の細胞です。

❶古くなった骨に「破骨細胞」が貼り付いて表面の骨を溶かし、へこみができる。

❷骨のへこみに「骨芽細胞」が集まり、新しい骨をつくる（へこみはきれいに埋まる）。

❸役目を終えた「骨芽細胞」も、やがて骨に埋もれて「骨細胞」に変化する。

この3つのプロセスで、古い骨を壊す「破骨細胞」と、新しい骨をつくる「骨芽細胞」がバランス良く働けば、私たちの骨はずっと丈夫でいられます。しかし、もし「破骨細胞」の働きに「骨芽細胞」がついていけなくなると、骨量が減少して「骨粗鬆症《こつそしょうしょう》」になってしまうのです。

さて、この骨の新陳代謝の過程で「骨芽細胞」から分泌されるのが、本章の主役・オステオカルシンです。分泌されたオステオカルシンの大部分は新しい骨に埋め込まれますが、ほんの少量が血液の中に入り込みます。この血液中のオステオカルシンこそが、若さと健康の救世主なのです。血流に乗って全身を巡り、さまざまな臓器まで届くと、その機能を高め、次々と「嬉しい効果」を発揮してくれるのです。

骨への刺激で「オステオカルシン」が増加

では、どうすれば骨の新陳代謝を促すことができるのでしょう?

それについては米国ミズーリ大学での研究により、骨に「衝撃」を与える運動が有効であることがわかっています。この研究のために比較したのは、習慣的にランニングをしている人と、習慣的に自転車での運動をしている人です。どちらも同じように心肺機能や持久力が鍛えられる運動ですが、骨の様子を比べると「ランニンググループ」よりも「自転車グループ」の方が、骨粗鬆症予備軍の数が圧倒的に多かったのです。このことから研究者は「骨に衝撃を与える運動」をすると、骨の新陳代謝が盛んになり、丈夫な骨が保たれることを導き出しました。

全身の骨に衝撃を与えるのは、ランニングでなくても構いません。「かかと落とし」と「ジャンプ」の動きが骨に衝撃を与えるのに効果的なことがわかっています。

「かかと落とし」とは、つま先立ちをした状態から、かかとをストンと床に下ろす動き。「ジャンプ」は縄跳びの要領で、その場で軽く跳べばOKです。目安は1日それぞれ30回程度でOKです。

また、かかとでしっかり地面を踏めば、いつものウォーキングも「オステオカルシンを増やす運動」になります。

運動によってかかとの骨が受けた衝撃は、脚から腰、背骨と次々に骨を伝わって、ついには頭蓋骨まで届きます。そうなれば、下顎をはじめとする「顔の骨」の新陳代謝も促され、骨量が減っていくのを防げます。つまり、全身の骨に衝撃を与える運動は、顔のたるみの元凶の一つである「骨の萎縮」の予防・改善も期待できると言えるでしょう。

それと同時に、骨に衝撃を与える運動は、全身の骨を強くするので、「骨粗鬆症」の予防にも有効でしょう。

エクササイズは毎日の継続が重要

オステオカルシンは手軽な運動で増やすこ

とができますが、貯蔵できないので、毎日継続して運動する必要があります。

毎日必ず「かかと落とし」や「ジャンプ」を30回実行する。ただし、単純な「ジャンプ」や「かかと落とし」をきちんと毎日続けるのは意外と大変……。

そこで今回、専門家の方（バレエ指導者・樋口久美子氏）の知恵を拝借し、オステオカルシンを増やすためのオリジナルエクササイズを考案しました。コンセプトは「ステージの上で美しく踊るバレリーナの気分になって、楽しく優雅に続けられる運動」なので、「バレエきどり体操」と名付けました。

全身をストレッチしながら、バランス感覚を磨けるため、習慣化するとしなやかで若々しいボディを期待できます。また、ウォーミングアップした上で「かかと落とし」や「ジャンプ」の動きをするため、普段あまり運動をしない方にはケガ予防にもなります。

一番の注意点は「やり過ぎないこと」。強度や回数を増やし過ぎると「破骨細胞」と「骨芽細胞」のバランスが崩れ、かえって骨を壊してしまう恐れがあります。

「バレエきどり体操」は体の軸をしっかり意識しながら姿勢を整えるため、全身の骨に「効率良く」衝撃を伝えることができるので、今回ご紹介している回数で、十分に効果を上げられるはずです。次ページから具体的なやり方を説明しますので、チャレンジしてみてください。

バレエきどり体操

飛び跳ねる動作もあるため転倒などに注意してください。また、住環境などにも配慮し、無理をしない範囲でご自分でできる体操だけを行ってください。動作に痛みを感じた場合はすみやかに中止してください。

【基本の深呼吸】

深く息を吸って背筋を伸ばし、その伸びた背筋をキープしながらゆっくりと息を吐くのが「バレエきどり体操」での基本の深呼吸です（息を吐くときはお腹を少しずつへこませます）。

【バレエきどりの指先】

ペン（または割り箸）の中心を中指の第一関節の上にのせ、人差し指と薬指でそっとはさむように固定。親指の付け根を内側へ軽く曲げ、小指は自然に伸ばします。これが基本の形。指先が美しい表情になるだけでなく、腕の筋肉のストレッチ効果が高まります。

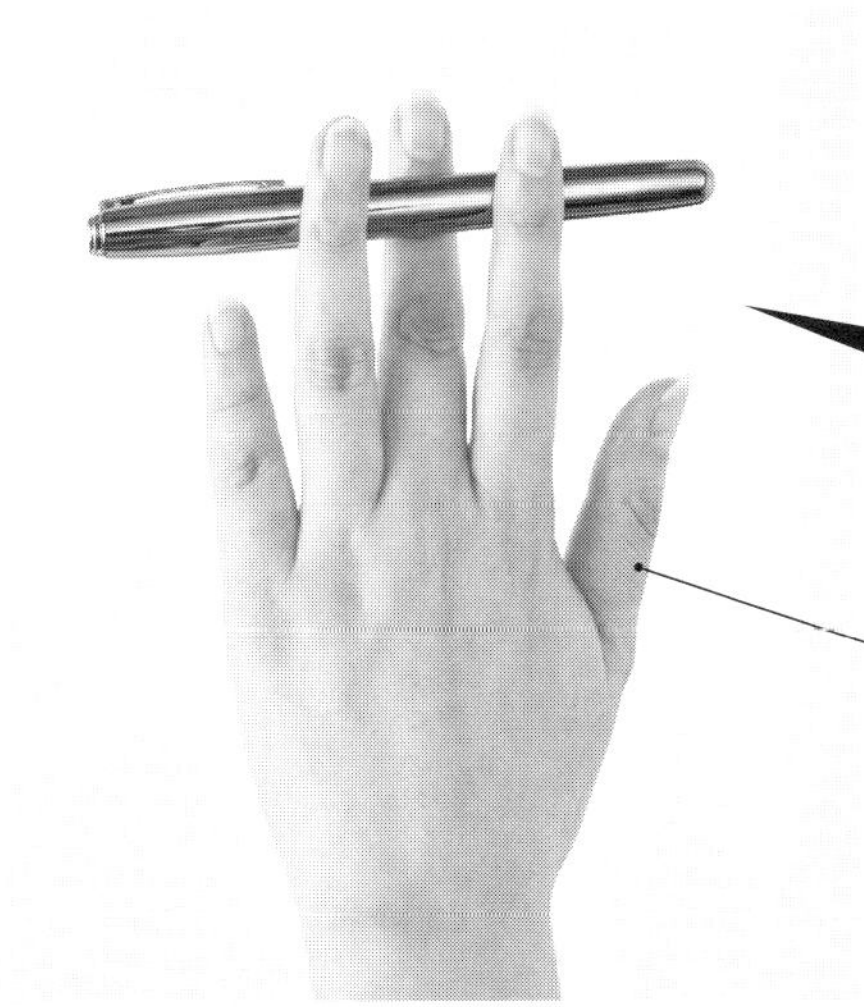

ペンや割り箸をはさむ位置を、指の根元に近づけるほど、ストレッチ効果が高まります。

ペンをはさんだら
親指を内側に軽く曲げる

※安全のため、先が鋭くとがったペンは避けましょう。

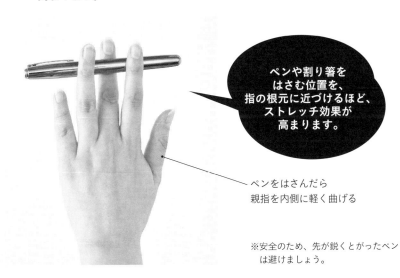

【基本の姿勢〜基本の立ち方】

以下のチェック項目を意識して、
壁を背にして立ってみましょう。

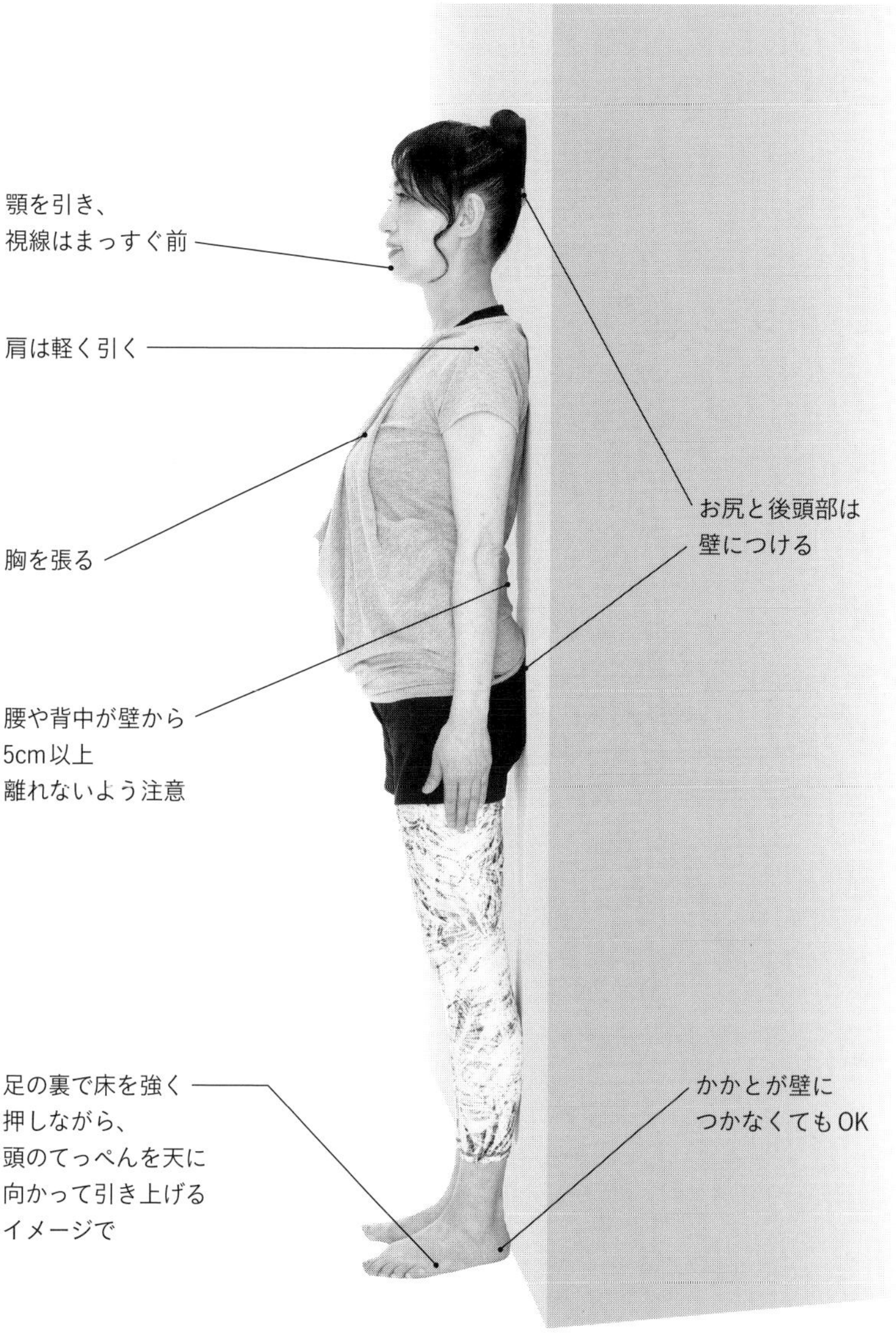

顎を引き、
視線はまっすぐ前
肩は軽く引く
胸を張る
お尻と後頭部は
壁につける
腰や背中が壁から
5cm以上
離れないよう注意
足の裏で床を強く
押しながら、
頭のてっぺんを天に
向かって引き上げる
イメージで
かかとが壁に
つかなくてもOK

エクササイズ

1 スワンの気持ち

ウォーミングアップを兼ねて、首から肩、背中、胸の筋肉をやさしくストレッチ。関節の動きがなめらかになり、可動域も広がります。

スワンの気持ち（横に羽ばたく）

1

基本の姿勢、バレエきどりの指先で、手の甲で壁を軽くなでながら、ゆっくりと腕を上げる。

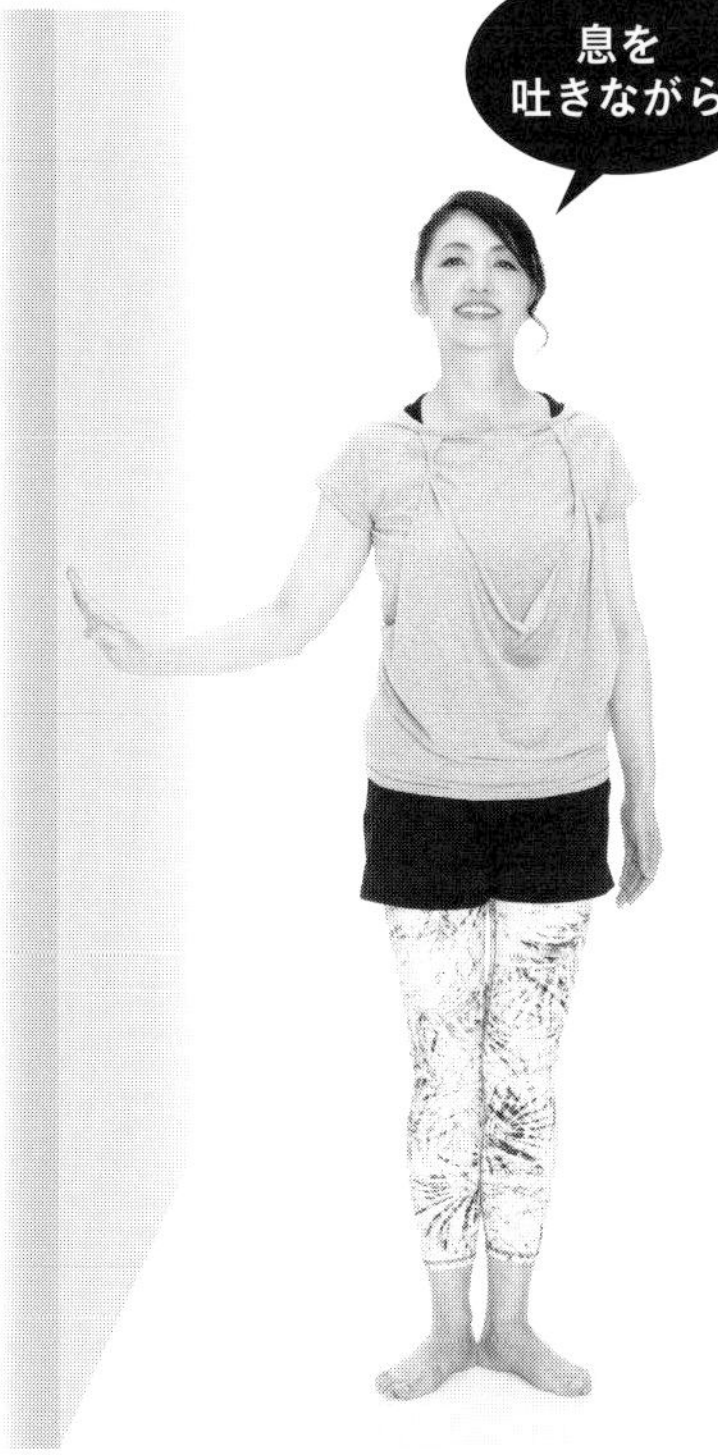

2

手の平で壁をなでながら腕を下ろす。
1～2の動作を10回繰り返す。

スワンの気持ち（前後に羽ばたく）

基本の姿勢、バレエきどりの指先で、肩全体を動かすように意識しながら、腕を前から後ろへまわす。10回。次は後ろから前へ逆にまわす。10回。

＊腕を上げるのがつらい人は上がるところまででOK。

エクササイズ

2 気分はフェアリー

背筋や首をストレッチ。顔が横を向くように上体を反らせば、首筋やフェイスラインをきれいに保つ「胸鎖乳突筋」のストレッチに。

＊座って行ってもOK

1

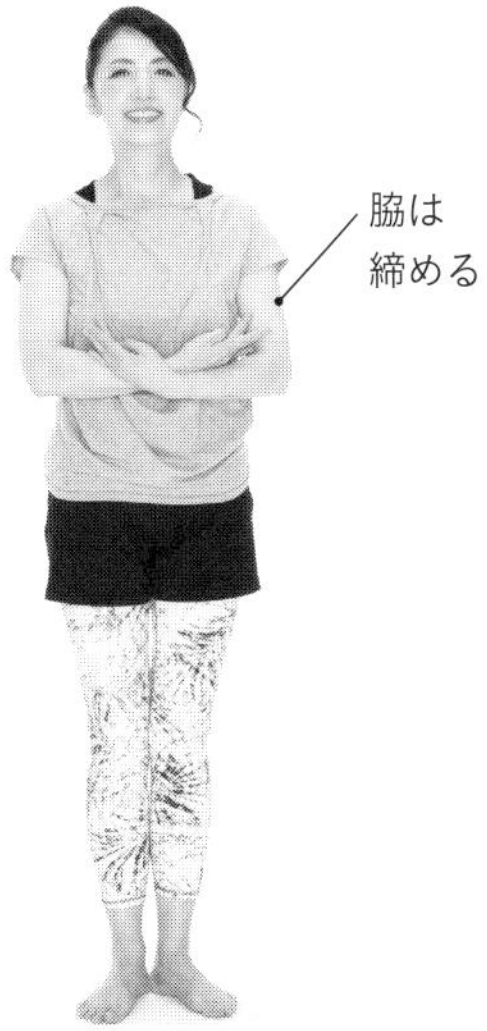
脇は
締める

基本の姿勢、バレエきどりの指先で、両手首を胸（みぞおち）の前で交差させる。

2

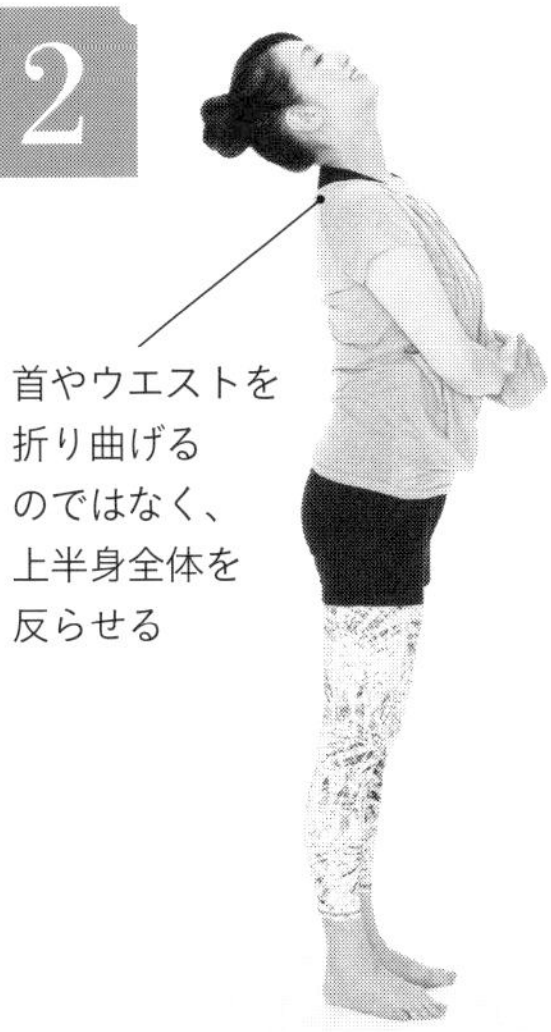
首やウエストを
折り曲げる
のではなく、
上半身全体を
反らせる

上体を少し後ろに倒し、背筋から首を伸ばす。1～2の動作を深呼吸しながら3回。

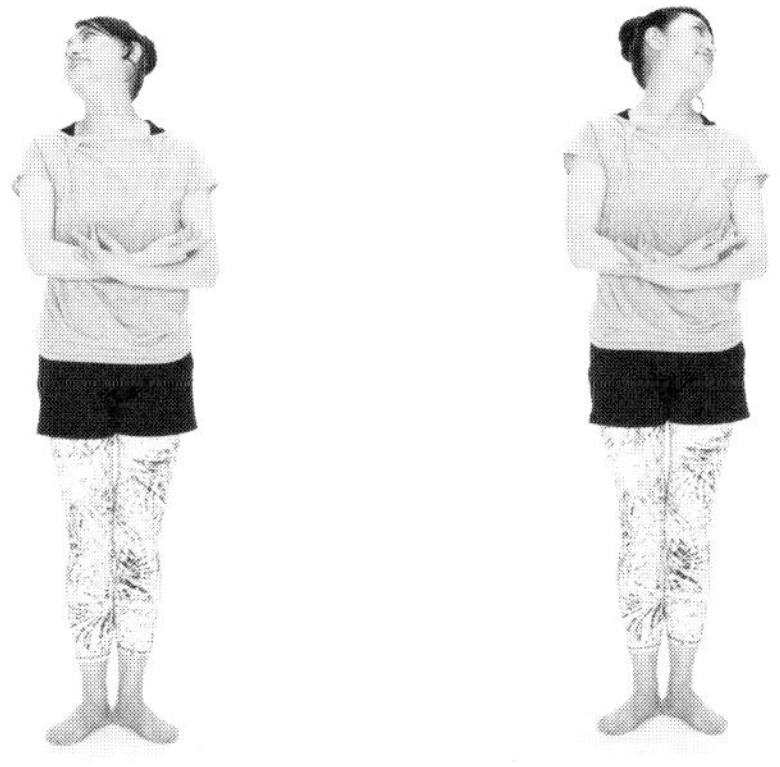

3

余裕のある人は上体を反らしたまま左右に首を傾ける。深呼吸しながら各3回。

エクササイズ

3 るるるん・ルルベ

バレエでは、つま先立ちで体を持ち上げることを「ルルベ」と呼びます。つま先立ちの姿勢を保つシンプルなエクササイズです。

椅子やテーブルなどにつかまり、両足のかかとどうしをつけ、足先を90度ほど広げる。3分間静止（途中でグラグラしてもOK）。

＊かかとを上げた状態で、家の中を歩くのもエクササイズに有効です。

エクササイズ

4 ルルベ・バランス

いよいよここから「かかと落とし」の動きが登場です。椅子などにつかまらず、全身でバランスを取りながら「ルルベ」を行います。

1

基本の姿勢、バレエきどりの指先で、かかとをつけ、足先を90度ほど広げる。両腕を胸の高さにし、楕円をつくる。

2

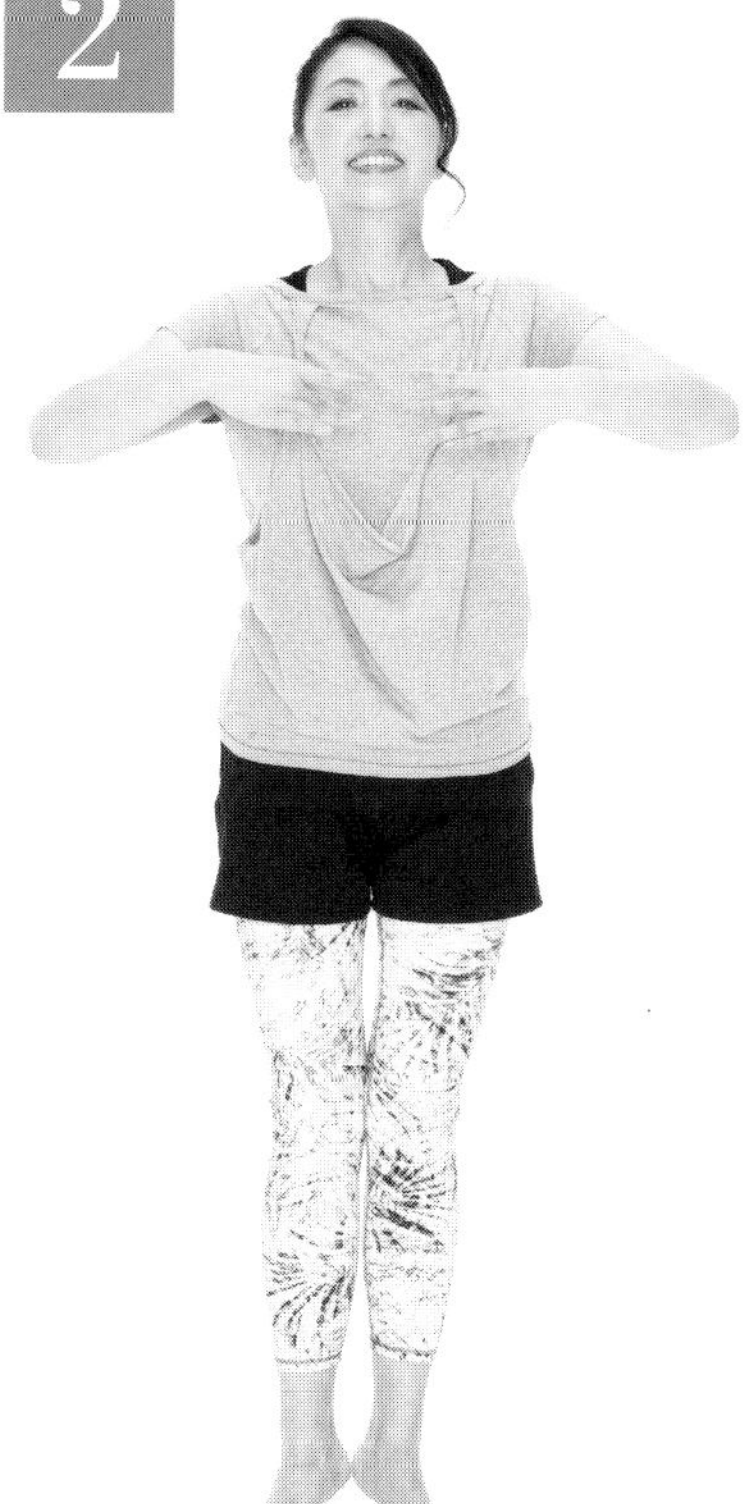

かかとを上げて背筋を伸ばす。体がグラグラと揺れるので、体幹を使ってバランスを取る。深呼吸を3回し、かかとをストンと床に落とす。1～2の動作を3回。

エクササイズ

5 シャン・シャン・シャンジュマン

バレエでは、跳びながら脚の左右を組み替えるジャンプのことを「シャンジュマン」と呼びます。

＊周囲の環境に配慮し、無理のない範囲で行ってください。

1

基本の姿勢、バレエきどりの指先で、右足を半歩前に出して、肘は軽く曲げ両手は上に。

2

しっかり床を踏んでいることを意識し、息を吐きながらひざを軽く曲げる。

3

息を吸いながら、足で床を蹴って、まっすぐ真上にジャンプ。

4

ひざをまっすぐ
伸ばしたまま
着地すると
関節を痛める
ので注意

跳んでいる間に足を入れ替え、左足が前になるように（このとき、息を吐きます）。ひざを少し曲げながらふんわりと着地。1〜4の動作を足を替えながら交互に10回。

・バレエきどり体操考案者紹介

樋口久美子 KUMIKO HIGUCHI

1969年生まれ。バレエ指導者。バレエショップ経営。バレエダンサーとして舞台出演多数。講師としても各地で活躍。2001年革新的な機能・デザインで人気のバレエショップ「ドゥッシュ・ドゥッスゥ」を東京・青山に立ち上げ。2004年青山に「DDバレエスタジオ」を開設。2014年「DDバレエスタジオ・浅草橋」を開設。若手の育成にも力を注ぎ、大人のバレエに至っては、とくに個々の骨格・筋力を意識した指導に定評がある。バレエを題材にしたテレビドラマや雑誌の監修、モデルとしても出演。

・DDバレエスタジオ・青山
東京都港区北青山2-7-28 NAビルB2 tel.03-5411-5806

・DDバレエスタジオ・浅草橋
東京都台東区浅草橋2-27-10 日の出ビル1F tel. 03-5825-4321
http://www.ddballet.com/
※スタジオは、レッスン中は応答出来ない場合がございます。

・バレエショップ・ドゥッシュ・ドゥッスゥ
東京都港区北青山2-7-18 第一真砂ビル2F
tel. 03-5414-3513 11:00～18:00（年末年始を除く）
http://www.dessus-d.com/

PART 6

毎日を頑張っている皆さんへ

【睡眠は何にも勝る美容法】

以前より、美肌と睡眠の関係は取り沙汰されていますが、睡眠改善インストラクターの資格を取って以来、改めて質の良い睡眠は健康で、美しい肌を保つのに必須であることをしみじみと感じます。

このトレーニングも、不規則な生活、睡眠不足、不健康な食事では効果も半減です。まずはご自分の睡眠を見直していただくべく睡眠について改めて考えていただければと思います。

我々人類は、太古の昔から日の出とともに起きて働き、太陽が沈み暗くなったら寝ていました。私たちの身体の中にはそういうリズムが記憶として組み込まれています。ですから、早寝早起きが本来の自然なリズム、夜型生活はさまざまな弊害を呼んでしまいます。

弊害の一つとしてわかりやすいのは、お肌の状態です。夜中まで起きていたり、睡眠不足だったりした翌日は肌の色がくすみ、お化粧のりも良くありません。それは、睡眠中に分泌される成長ホルモンが大きく影響しています。

成長ホルモンは、年齢とともに少なくなりますが、生きている限り分泌されます。

身体中のさまざまな組織に作用して新陳代謝を促し、アンチエイジング的働きをします。肌に潤いを与えるコラーゲンも成長ホルモンの一種です。

この成長ホルモンの分泌がもっとも盛んになるのが、午後10時〜午前2時です。この時間帯にぐっすり眠っていれば、肌組織の代謝は活発に行われ、潤い肌がキープできます。また、身体全体の調子も整えてくれるので、疲労回復にも効果があります。これらの効果を得るためには、午後10時は難しくても、午前0時までには床についているのが理想です。この時間帯はシンデレラタイムとも呼ばれています。

そうはいっても寝つきが悪かったり、睡眠が浅かったりするのではせっかくの早寝効果も期待できません。大切なのは、すんなり眠りにつけて、ぐっすり眠れる、つまり、良質の睡眠です。

では、どうすれば良いのでしょう?

一つは、夕食後の過ごし方にあります。夕食が終わったら徐々に身体が眠る態勢に向かうように自分で持っていくことが大切です。

頭を使う仕事も、不安も悩みも気にせず、雑用もしないで、脳神経をとにかく休ませるのです。寝る前にストレッチなど軽い運動をしたり、ゆっくりお風呂につかったり、ハーブティを飲んだり、自分の心身がリラックスできている……と自覚できることをするのです。睡眠に最近一番影響があると心配されているのがスマートフォン使用による睡眠障害です。寝る前までスマホを使っていては質の良い睡眠はとれません。

次に大切なのは環境です。室内の温度、湿度、寝具をチェックし、こまめに布団を干し、清潔なシーツを使って快適さに気を配りましょう。パジャマなどもゆったり、サラッとしたものにし、想像しただけで気持ち良く眠れそうと思える環境がベストです。

すっきり目覚めることのできる睡眠時間は、自分で把握することが大切です。何時間くらい睡眠をとったら、ぐっすり眠ったという実感がありますか?

6時間という人もいれば8時間でも足りない人もいます。なぜかというと、一晩の睡眠にはいくつかの周期があり、その途中で無理に起きると目が覚めず寝足りない気がします。睡眠は浅い眠りのレム睡眠と、深い眠りのノンレム睡眠が組み合わさって、一つの周期になっています。その長さは人によって違いますが、およそ90分です。一つの周期が完全に終わった頃に起きることができれば、すっきり目覚めることができるのです。これを参考に自分の適切な睡眠時間を探してみてください。

私の介護の話

10代、20代のときにはほとんど想像できなかった親の介護。その当時はまだ親も元気ではつらつとしている、という印象だったのではないでしょうか。そして、ずっとこんな感じで時間は流れていく……と思っていたかもしれません。

けれども、早いと30代後半くらいから、遅くても必ずやってくるのが「親の老い」の問題です。「親の老い」に直面する頃、私たちもある程度年齢を経ていて、若い頃には想像しなかったような現実に直面しています。私のところに来る患者さんと、最初は歯の治療に関する話がだんだん親の話になることは、よくあります。

そして、多くの女性が家族の悩みの一つとして、親の介護の話をされます。自分だけがその渦中にいて、日々の生活に翻弄《ほんろう》されている、なんて話をされる方もいらっしゃいます。そのときに、あなただけではない、私も色々な経験をしているのよ……と私の経験をお話しすると、「気持ちが大分楽になりました」とおっしゃって、ぱーっと明るい表情になってお帰りになる方が結構いらっしゃいます。

そこで、私の介護経験の話が皆さんのお役に少しでも立てばと思い、お話しさせていただきます。

親の介護はいつ始まるのか、どんなことが起こるのか全く予測ができません。

私の母の場合、外出先近くの交番から一人で帰れないことから始まりました。

母はアルツハイマー型の認知症でした。私はアルツハイマーは脳の機能が全てダメになったのではない！　記憶が続かないだけ！　と、いつも自分に言い聞かせていました。

そんなある日、母が私の弟を見ながら「あなたの同級生の方？」と私に聞いてきたときには、弟も私も切なくなりました。たとえ名前を忘れてしまっても、私たちはいつでも側《そば》にいるからね、という強いメッセージを送ってさえいれば、その後の笑顔は続くもの……と考えていました。

ですから、私は母に会うたびにどうすれば母を笑わせられるか、その視点で色々なことを実践していました。

そんなときに眼トレで有名な日比野佐和子先生の講演で、ボケないための5項目を教えていただき、「これだ！」と思いました。

一読　一日一回文章を読む
十笑　一日十回笑う

百吸　一日百回深呼吸
千字　一日千字文字を書く
万歩　一日一万歩歩く

このことを踏まえて母がお世話になった介護施設で「アナウンサー」というイベントを企画、実行しています。母が亡くなった今でもお声をかけていただければ、施設に行って行っています。

その内容は、姿勢を正してアナウンサーのように文章をはっきり読むことです。その際、深呼吸をして、笑顔をキープできるようにと声をかけています。

入所者の皆さんは、アナウンサーに変身して楽しんで文章を読んでくださいます。

こうした経験から、これからの私の認知症防止も兼ねて、右記5項目を忘れないように手帳にも心にもメモしています。

「歳を重ねると、お医者さんに年寄り扱いされるのがよくわかるわ、態度とか言葉とかでね」とは、義母が言っていた言葉です。

最近81歳の女性の患者さんがこんなことをおっしゃいました。

「ひざが痛くて整形外科医に行ったら、女医さんが担当でね、『機械でも80年も使えばたいていこわれるじゃない』ってギクッとする言葉をかけられたの。でも、この女医さんはこんな性格なのね、って思い『先生、それを言ったら終わりじゃない』って笑いながら返したの」

こんなやりとりがあったことを聞き、なんて粋な受け答えができる女性だと思いました。

「今でもこの女医さんとはいい関係で引き続きひざを診てもらっているのよ」と話されます。80歳を過ぎて、誰とでもうまく付き合える人には共通項があります。

それは相手の立場を考えられる人、相手の心理をわかってあげられる人です。そして、それにより言い方や声の強さ、雰囲気を読んで話せる人です。

こうした柔軟な考え方は、歳を重ねていく上で大事！　と私は肝に銘じています。

今は介護の問題は遠い先の問題の方、もしくは渦中にいる方もいつかはする側、そしてされる側になっていきます。自分の体験からこうした学びを発見し、楽しみながら日々を過ごしていただければと思っています。

・商品紹介

● 顔筋トレーニングにおすすめクリーム

新・美感クリーム
株式会社ピッコルーナ
Tel.03-6273-1200
（平日10:30 ～ 18:00）
http://takarada-dc.com/products.html

● 咀嚼エクササイズにオススメ食材

ひかり太陽　玄米ごはん
株式会社ピッコルーナ
Tel.03-6273-1200
（平日10:30 ～ 18:00）
http://takarada-dc.com/products.html

おわりに

買うは天国、捨てるは地獄とは洋服の話です。

では、洋服を捨てる基準は何でしょうか。顔に合わなくなったから？

でも、もしその顔を自分でデザインできるとしたら、好きな洋服を捨てずに済むと思いませんか？

百歳で現役スキーヤーだった三浦敬三さんは著書の中で50年間日課にしてきた顔の筋肉トレーニングを紹介しています。

そのトレーニングを始めたきっかけは、あえて言うならお洒落《しゃれ》心からと書かれています。

「いくらお洒落にしていたいと思っても、口の周りのシワやハリの無さでいかにも老人臭い顔をしていたら、お洒落の甲斐がないものではありませんか」と。

三浦さんはトレーニングを続けていくうちに、狙い通りの効果があり、実際の年齢より若く見えると言われたことで、若々しい洋服でお洒落を楽しんだそうです。

私も小学3年生の孫といるとき「ママもおそろいでどうですか？」と、若々しい色の洋服をすすめられて、嬉しくなった経験があります。

これは、毎日の表情筋トレーニングのおかげと思い、モチベーションが上がりました。

「何歳であっても、表情筋は私たちの顔の味方です」

あなたの10年後の健康と美しさのために、この言葉を贈ります。

最後にこのトレーニングを共に行い、よく理解してくださり誰が読んでもわかりやすくなるように指導してくださった、講談社エディトリアルの山口聡子さんに心より感謝致します。

健康と美しさに向かってまっすぐ生きていくのに忘れてはいけないのはトレーニングを継続させながら自然体で生きることだと思います。

これからの10年もずっとそういう私でありたいと思っています。

宝田恭子

●デザイン
工藤亜矢子・伊藤悠（OKAPPA DESIGN）

●写真
林　桂多（講談社写真部）

●動画
林　桂多（講談社写真部）

●ヘアメイク
橘　麻耶

●イラスト
松本麻希

●校正
小森里美

●協力
木村美幸

● CG イラスト制作
株式会社ヒューマン・アニマル・ボンド
〒 532-0011　大阪府大阪市淀川区西中島 6-8-8　花原第 8 ビル 701
TEL 06-4806-1320　FAX 06-4806-1321　URL: http://www.hab-net.com/

宝《たから》田《だ》流《りゅう》表《ひょう》情《じょう》筋《きん》トレーニング
たるみが消《き》える顔筋《がんきん》リフト

2018 年 11 月 27 日　第 1 刷発行

著　者　宝《タカラ》田《ダ》恭《キョウ》子《コ》
発行者　渡瀬昌彦
発行所　株式会社　講談社
〒 112-8001　東京都文京区音羽 2-12-21
販売　TEL 03-5395-3606
業務　TEL 03-5395-3615
編　集　株式会社　講談社エディトリアル
代　表　堺　公江
〒 112-0013　東京都文京区音羽 1-17-18　護国寺 SIA ビル 6F
編集部　TEL 03-5319-2171
印刷所　凸版印刷株式会社
製本所　株式会社国宝社

ISBN978-4-06-513739-0